Peter Dyckhoff

Sterben im Vertrauen auf Gott

Peter Dyckhoff

Sterben im Vertrauen auf Gott

media
maria

Bibliografische Information: Deutsche Nationalbibliothek.
Die Deutsche Nationalbibliothek verzeichnet diese Publikation in der
Deutschen Nationalbibliografie; detaillierte bibliografische Daten sind
im Internet über http://dnb.ddb.de abrufbar.

Titelbild auf dem Umschlag: Hinterglaswerkstätten in Leonding/Rufing.
Die Kupferstiche und Ornamente auf den Seiten 19, 27, 33, 41, 47, 55, 61,
69, 75, 81, 87, 93, 129, 139, 147, 153, 159, 167, 175, 181, 189, 195, 201, 213
stammen vom Meister E. S. (Mitte 15. Jahrhundert).

STERBEN IM VERTRAUEN AUF GOTT
Peter Dyckhoff
Media Maria Verlag, 1. Auflage 2014
Alle Rechte vorbehalten

Umschlaggestaltung: Finken & Bumiller, Stuttgart
Satz: SATZstudio Josef Pieper, Bedburg-Hau
© Media Maria Verlag, Illertissen 2014
ISBN 978-3-9816344-3-3

www.media-maria.de

INHALT

Vorwort 7

ERSTER TEIL
HINFÜHRUNG DURCH ELF KUPFERSTICHE DES MEISTERS E. S.

Versuchung im Glauben 26
Ermutigung im Glauben 32
Versuchung durch Verzweiflung 40
Trost durch Zuversicht 46
Versuchung durch Ungeduld 54
Trost durch Geduld 60
Versuchung durch Hochmut 68
Trost durch Demut 74
Versuchung durch irdische Güter 80
Trost durch Abwenden vom Irdischen 86
Erlösung der Seele 92

ZWEITER TEIL
PERSÖNLICHE ERFAHRUNGEN UND RELIGIÖSE GEDANKEN ZUM LOSLASSEN

Der schmerzhafte Weg meines Großvaters 103
Meine erste Begegnung mit dem Tod 111
Erste Begegnung mit einem Sterbenden 119
Der Tod gehört zum Leben 129
Der Tod wird zur zweiten Geburt 139

Sich von Ungutem befreien 147
... jetzt und in der Stunde unseres Todes 153
Fürchte dich nicht vor dem Tod 159
Mein Gott, warum hast du mich verlassen? 167
Ein Blick zum Himmel 175
Sehnsucht nach ewigem Leben 181
Zeit der Läuterung 189
Die Stunde meines Todes wird kommen 195
Was geschieht mit unserer Seele, wenn der Körper sich von ihr trennt? 201
Die Zeit danach 213

Literaturverzeichnis 219

Vorwort

Das Abendgebet der Kirche wird »Komplet« genannt. Das Wort ist abgeleitet vom lateinischen »complere«, was so viel wie erfüllen, beenden oder vollenden bedeutet. Unmittelbar vor der Nachtruhe sollte die Komplet gehalten werden. Dieses Gebet zur Nacht geht zurück auf den heiligen Benedikt von Nursia (um 480–547), der in seiner Regel schreibt:
- »Für die Komplet werden drei Psalmen festgesetzt; diese Psalmen betet man ohne Unterbrechung und ohne Antiphon. Es folgen der Hymnus dieser Gebetszeit, eine Lesung, der Versikel, das ›Kyrie eleison‹ und das Segensgebet als Abschluss« (17,9–10).
- »Sind alle versammelt, halten sie die Komplet. Wenn sie dann aus der Komplet kommen, gebe es für keinen mehr die Erlaubnis, irgendetwas zu reden« (42,8).

In der Komplet hält der Betende kurz Rückschau auf den vergangenen Tag und betrachtet das Ende des Tages als einen Hinweis auf das Ende des Lebens. Der Hymnus für die Komplet am Freitag, dem Todestag Jesu, lautet:

Du starker Gott, der diese Welt
im Innersten zusammenhält,
du Angelpunkt, der unbewegt
den Wandel aller Zeiten trägt.

Geht unser Erdentag zu End',
schenk Leben, das kein Ende kennt,
führ uns, dank Jesu Todesleid,
ins Licht der ew'gen Herrlichkeit.

Vollenden wir den Lebenslauf,
nimm uns in deine Liebe auf,
dass unser Herz dich ewig preist,
Gott Vater, Sohn und Heil'ger Geist. Amen.

Zwischen der Komplet am Ende des Tages und den Sterbegebeten am Ende des Lebens besteht eine enge Verbindung. So heißt es in der Komplet:
- »Herr, auf dich vertraue ich, in deine Hände lege ich mein Leben. Lass leuchten über deinem Knecht dein Angesicht, hilf mir in deiner Güte. In deine Hände lege ich mein Leben.«
- »Eine ruhige Nacht und ein gutes Ende gewähre uns der allmächtige Herr. Amen.«

Im Nachdenken über die Unausweichlichkeit des Todes offenbart sich die Notwendigkeit, die uns bleibende und begrenzte Lebenszeit besser zu nutzen und nach dem Willen Gottes zu gestalten. Aus dieser Perspektive ist es leichter, ungute Bindungen an Irdisches aufzugeben und den Blick auf das letzte Ziel menschlichen Lebens zu lenken. Heute besitzt das Sterben anderer wieder weitaus mehr Aufmerksamkeit als in vergangener Zeit; die Einstellung zur eigenen Sterblichkeit wird jedoch nach wie vor verdrängt. Man will seinen eigenen Tod nicht wahrhaben und sträubt sich dagegen, sich mit seinem eigenen Sterben vertraut zu machen und entsprechende Vorbereitungen für den eigenen Tod zu treffen. Der Tod, der dem Menschen im Sterben des anderen begegnet, bedeutet letztlich – und das sollte man zulassen – eine Anfrage an das eigene Sein.

In seinem Beitrag »Gottes Macht – unsere Hoffnung« berichtet Joseph Kardinal Ratzinger von einem Freund, »der jahrelang auf die Nierendialyse angewiesen war und erfahren musste, wie ihm Schritt für Schritt sein Leben aus der Hand genommen wurde«. Der Freund habe »einmal erzählt, dass er als Kind den Kreuzweg besonders liebte und ihn auch später gern betete. Als er dann die schreckliche Diagnose erfuhr, war er zuerst wie betäubt, aber plötzlich fiel ihm ein: Nun wird das ja ernst, was du immer gebetet hast, nun darfst du wirklich mitgehen und bist von ihm in den Kreuzweg hineingenommen. So fand er seine Heiterkeit wieder, die bis zuletzt von ihm ausging und das Leuchten des Glaubens sichtbar werden ließ.«

Papst emer. Benedikt XVI., der diese Zeilen schieb, als er noch Kardinal war, fügt hinzu: »Glaube ist Kreuzesgemeinschaft, und am Kreuz erst wird er ganzheitlich. Der Ort der letzten Unerlöstheit ist der eigentliche Aufgang der Erlösung. Mir scheint, wir müssen diese Kreuzesfrömmigkeit wieder ganz neu erlernen … Wenn wir das Kreuz nicht üben, wie sollen wir es bestehen im Augenblick, da es uns verhängt wird?«

Wichtiger als eine wissenschaftliche Auseinandersetzung ist es, zu beten und dabei sein Leben immer wieder in Gottes Hand zu legen. Angesichts des Todes, den wir alle sterben müssen, ist nichts wichtiger als das Loslassen, die Gelassenheit und das Sterben in Gott durch Hingabe täglich neu einzuüben. Es ist die Bestimmung des Menschen, sein Leben auf Gott hin auszurichten. Nur so gelangt er an sein Ziel: die endgültige Ruhe und Gelassenheit, die so erfüllend sind, dass der Mensch über sie hinaus nichts anderes mehr wünschen kann.

Sind wir nun mit Christus gestorben, so glauben wir, dass wir auch mit ihm leben werden (Römerbrief 6,8). Das Loslassen unserer Gedanken, Gefühle, Vorstellungen und Pflichten im Gebet der Hingabe bedeutet ein Mitsterben mit Christus, um mit ihm aufzuerstehen. Diese Ganzheit der Hingabe wird jedoch nicht allen Menschen dauerhaft geschenkt – vielen nur für kurze Augenblicke oder bruchstückhaft. Daher ist anzunehmen, dass der letzte Verzicht auf das irdische und körperliche Leben noch immer mit einer gewissen Angst und eventuell auch mit Schmerz verbunden sein wird. Der Tod kann jedoch mehr und mehr seinen Schrecken verlieren, wenn wir immer wieder mit leeren Händen und im Loslassen von allem auf den Herrn zugehen und unser Leben in seine väterlichen und schöpferischen Hände legen.

Die Kunst des Sterbens (»Ars moriendi«), wie der Übergang von vielen Mystikern im Mittelalter genannt wurde, besteht letztlich darin, die christliche Kunst des Lebens durch tägliche Hingabe im Gebet einzuüben. Glaube, Hoffnung und Liebe werden wachsen, sodass der Mensch in der Begegnung mit dem Tod seine Angst und seinen Schmerz schneller überwindet, um dem Licht Christi zu folgen.

Gott, unser Vater und Erlöser,
du hast uns nach deinem Bild geschaffen
und deinen Sohn für uns in den Tod gegeben.
Hilf uns, frei von Schuld Abschied zu nehmen
und Ruhe zu finden in deiner Barmherzigkeit.

Dein Sohn hat den Tod überwunden
und ihm Angst und Schrecken genommen.
Lass uns in Frieden und Zuversicht
einmal aus diesem Leben scheiden
und an der Auferstehung Christi teilhaben.

Keiner von uns lebt sich selber,
und keiner stirbt sich selber:
Leben wir, so leben wir dem Herrn,
sterben wir, so sterben wir dem Herrn.
Ob wir leben oder ob wir sterben,
wir gehören dem Herrn (Römerbrief 14,7–8).

Gütiger, barmherziger Gott,
lass uns in der Stunde unseres Todes
durch die Kraft der heiligen Kommunion
allen bösen Anfeindungen widerstehen
und von dir das ewige Leben erlangen.

Das Titelblatt des Buches »Sterben im Vertrauen auf Gott« soll durch das abgebildete Zifferblatt einer Uhr darauf hindeuten, dass unsere Lebenszeit begrenzt ist. Über dem Zifferblatt ist die Heilige Dreifaltigkeit dargestellt: Christus am Kreuz wird liebevoll von seinem Vater in den Himmel aufgenommen – begleitet vom Heiligen Geist in Gestalt einer Taube. Jetzt wird das Wort Jesu aus dem Johannesevangelium wahr: *Und ich, wenn ich über die Erde erhöht bin, werde alle zu mir ziehen* (Johannes 12,32). Wenn wir während unserer Lebenszeit immer wieder das vertrauensvolle Loslassen geübt haben und an nichts festhalten, werden wir nicht nur das liebende Entgegenkommen Jesu Christi spüren, sondern auch seine Anziehung, die durch ihn zum Vater hin geschieht.

Das Anliegen des Buches »Sterben im Vertrauen auf Gott« besteht darin,

- uns unsere eigene Sterblichkeit vor Augen zu führen und bewusst zu machen
- uns anzuregen, uns des Öfteren mit dem Sterben zu beschäftigen und entsprechende Vorbereitungen zu treffen
- den Gedanken an die Endlichkeit des Lebens aufzugreifen, damit das Leben in seiner Begrenztheit einen neuen und tiefen Wert erhält. Der Blick für die Würde des Lebens und damit verbunden die Würde des Sterbens soll geschärft und kultiviert werden
- die Leser und die Leserinnen zu ermutigen, das sich ständig verändernde Leben in seiner Gebrechlichkeit anzunehmen und das Vertrauen in den barmherzigen Gott immer wieder neu einzuüben
- das Wesentliche im Leben in den Blick zu nehmen und ein Gespür von dem vermittelt zu bekommen, was auch im Angesicht des Todes noch Bestand hat
- sich eventuell dem Ruhegebet zuzuwenden, um das Loslassen und das »Sterben« in Jesus Christus zu üben, um mit ihm zusammen aufzuerstehen
- aufzufordern, Kranke zu besuchen und Sterbenden beizustehen. Kein Werk der Barmherzigkeit ist größer und nutzbringender als dieses.

»Sterben im Vertrauen auf Gott« besteht aus zwei Teilen. Im ersten Teil werden elf mittelalterliche Kupferstiche des Meisters E. S. vorgestellt, die sich »Ars moriendi« nennen. Sie zeigen die Vorbereitung auf den Tod in eindrucksvoller Weise, da immer wieder Versuchungen auftreten, die bestanden und überwunden werden müssen. Der mittelalterliche Mensch sehnte sich danach, einmal in Ruhe und gut vorbereitet sterben zu können. Der plötzliche Tod ohne Vorbereitung wie auch der Tod in der Fremde hatte für ihn etwas Erschreckendes und Angstmachendes – ganz im Gegensatz zu der heute verbreiteten Überzeugung: Der plötzliche Tod ohne Sterbeprozess sei wünschenswert.

Die Kupferstiche setzen den Akzent auf die rettende Kraft des Glaubens an die Barmherzigkeit Gottes. Aus jeder Anfechtung erwachsen gleichzeitig Trost und neue Hoffnung für den Sterbenden. Die mittelalterlichen Bilder, die auch einem Leseunkundigen leicht zugänglich sind, möchten Anregungen für den Sterbebegleiter sein, dem Sterbenden, solange er noch bei Bewusstsein ist, die Angst und den Schrecken vor dem Tod zu nehmen.

Der zweite Teil des Buches beginnt mit zwei persönlichen Erfahrungen, die einschneidend und lebensbestimmend waren. Die dann folgenden elf Texte sind religiöse Gedanken, die das Loslassen und letztlich den Tod und die Auferstehung zum Inhalt haben. Sie sollen das eigene geistliche Leben unter Einbeziehung des unabwendbaren Todes bereichern und gleichzeitig durch praktische Anleitungen und Gebete alle unterstützen, die Sterbenden beistehen. Die Mitte der Sterbeliturgie bildet nicht die Krankensalbung, die früher

»Letzte Ölung« genannt wurde, sondern die »Wegzehrung«, der Empfang der letzten heiligen Kommunion. Was in der Taufe begonnen hat, soll im Sterben aus dem Glauben zur Vollendung kommen: »Christus bewahre dich und führe dich zum ewigen Leben.«

Der Sterbebegleiter hat die vornehmliche Aufgabe, die aufkommenden Ängste des Kranken religiös aufzufangen. Die Kraft des Heiligen Geistes, die dem Sterbebegleiter und damit auch dem Sterbenden zufließt, wäre undenkbar ohne den österlichen Sieg Christi über den Tod, der zu lebendiger Hoffnung befreit. Zu dieser lebendigen Hoffnung gehört, dass wir im Tod Christus gleich werden. So dürfen wir in der heiligen Messe im zweiten Hochgebet für Verstorbene beten:

> Erbarme dich unseres Bruders,
> den du aus dieser Welt zu dir gerufen hast.
> Durch die Taufe gehört er Christus an,
> ihm ist er gleich geworden im Tod:
> Lass ihn mit Christus zum Leben auferstehen.
>
> Erbarme dich unserer Schwester,
> die du aus dieser Welt zu dir gerufen hast.
> Durch die Taufe gehört sie Christus an,
> ihm ist sie gleich geworden im Tod:
> Lass sie mit Christus zum Leben auferstehen.

Erster Teil

Hinführung durch elf
Kupferstiche des Meisters E. S.

Als ich mein erstes Buch über das Sterben schrieb: »Sonnenuntergänge. Vom Abschied aus dieser Welt«, begegnete ich einer Bildfolge von elf Kupferstichen aus dem 15. Jahrhundert, die mich in ihrer Aussagekraft stark beeindruckten. Ich freue mich darüber, diese jetzt im Buch »Sterben im Vertrauen auf Gott« zusammen mit begleitenden Texten vorstellen zu dürfen.

Im Mittelalter pflegte man in besonderer Weise die »Ars moriendi«, die »Kunst des Sterbens«. In einer Zeit, in der Katastrophen, Krieg, Hunger und Pest wüteten, wurde das Interesse an der Sterbebegleitung in der Öffentlichkeit immer größer. Vornehmlich waren es die häufigen Pestepidemien, die das Bedürfnis nach einer praktischen Anweisung für die Hilfe in der Stunde des Todes weckten. Die vielen Notstände, in denen sich Menschen befanden, führten dazu, dass in erster Linie Laien Sterbehilfe leisteten. Hinzu kam das Bestreben, auch Laien zu größerer Verantwortung zu bewegen. Zunächst jedoch entstanden Texte, die den in der Sterbebegleitung noch unerfahrenen Priestern bei der Betreuung von Sterbenden dienen sollten. Eine grundlegende Schrift »De arte moriendi« verfasste Johannes Gerson (1363–1429), Kanzler der Pariser Universität. Seine Gedanken wurden von fast allen späteren Sterbebüchern übernommen – kommentiert durch Wort und Bild. Der Sterbende soll nicht allein gelassen werden, denn der Begleiter möchte mit ihm zusammen Entscheidungen finden, die zum ewigen Heil führen.

Der Text von Johannes Gerson liegt auch den folgenden eindrucksvollen Kupferstichen des unbekannten Meisters E. S. zugrunde. Seine »Ars moriendi« ist in textlosen Einzelblättern überliefert. Jedes Detail auf den Bildern hat jedoch seine eigene Sprache. Es kann sein, dass daran gedacht war, die Einzelblätter in handschriftliche Exemplare der »Ars moriendi« einzukleben. Die stilistische Ausprägung der Kupferstiche des Meisters E. S. zeigt, dass es sich bei ihm um eine Neuschöpfung handelt. Wahrscheinlich war E. S. der Erste, der sich auf die Verbildlichung eines »Ars moriendi«-Textes einließ, denn man kennt keine Bildserie dieser Art, die älter ist als die des Meisters E. S.

Zunächst die Frage: Wer war der Meister E. S.? Die Buchstaben E. S. retten ihn aus der vollkommenen Anonymität, denn einige seiner Kupferstiche hat er damit bezeichnet. Wahrscheinlich sind es Initialen seines Namens. Der Meister E. S. ist nur aus seinen Werken bekannt; biografische Daten gibt es nicht. Alle Versuche, eine Person zu finden, auf die die Initialen passen, sind bisher gescheitert. So bleibt E. S. mangels entsprechender Geschichtsquellen als historische Person unbekannt. Die künstlerische Entwicklungslinie weist ihn als Kupferstecher aus, der hohe Popularität besaß. Man schließt aus seinen Werken – vornehmlich aus Wappen und Wasserzeichen – und seiner stilbildenden Wirkung auf andere Werkstätten und Künstler, dass er Mitte des 15. Jahrhunderts am Oberrhein zwischen dem Elsass und Konstanz tätig war.

Die Arbeiten des Meisters E. S. müssen zwischen 1445 und 1468 entstanden sein. Sein spätgotischer Figurenstil fand in Mitteleuropa rasche Verbreitung. Rekonstruktionen ergaben, dass er um 1420 geboren wurde. Nach einer Ausbildung als Maler widmete er sich aus bestimmten Gründen dem Kupferstich. Man sagt sogar, er sei der Begründer des Kupferstichs. Seine Karriere war um 1467 abgeschlossen, denn seine letzten Werke entstanden in dieser Zeit. Im Jahr 1466 wurde der Meister E. S. mit der Herstellung einiger Blätter für das Kloster Einsiedeln beauftragt, die er sämtlich signierte. Sein erhaltenes Werk umfasst ungefähr 320 Blätter.

Die meisten Kupferstiche sind religiöser Natur. Nur wenige beinhalten Szenen aus dem Alten Testament, die meisten schildern Ereignisse aus dem Leben Jesu Christi. Madonnenbilder widmete E. S. speziell der privaten Andacht. Die Serie der elf Blätter zur Sterbebegleitung ist das einzige Werk des Meisters E. S., das aus der »Erbauungsliteratur« schöpft. Im Einklang mit der christlichen Lehre wird auf diesen religiösen Kupferstichen geschildert, wie sowohl der Himmel als auch die Hölle um die Seele des Menschen in seiner letzten Stunde kämpfen und wie man sich verhalten muss, um dem Bösen eine Absage zu erteilen. Die »Ars moriendi« des Meisters E. S. vermittelt also sowohl für Priester als auch für Laien Ratschläge und Regeln, wie ein Sterbender auf einen guten und heilsamen Tod vorbereitet werden kann. Die Betrachtung des Todes möchte den Blick auf das letzte Ziel des Menschen lenken und den endgültigen Sinn menschlichen Lebens erhellen.

Für die Menschen des Mittelalters war der plötzliche und unvorbereitete Tod eine erschreckende und Angst machende Vorstellung. Viele haben auf die Hoffnung hin, noch lange zu leben, sich nicht rechtzeitig auf den Tod vorbereitet und mussten dann unbegleitet und oftmals unter Angst und seelischen Qualen sterben. Diese geistlichen Bildbetrachtungen zum Sterben und Tod dienten dazu, sich beizeiten auf den Abschied aus dieser Welt vorzubereiten.

Die elfblättrige Folge der »Ars moriendi«, die um 1445 entstand, gehört zu den frühen Arbeiten dieses Meisters E. S., der auf der »mittelalterlichen« Ebene bleibt und sich noch nicht auf das Niveau eines Martin Schongauer oder eines Albrecht Dürer erhebt. Die »Ars moriendi« des Meisters E. S. wurde von früheren Kupferstechern oft kopiert und zusammen mit einem entsprechenden Text als Blockbuch, ein von Holzstöcken gedrucktes Buch, herausgegeben. Eines der ersten dieser Blockbücher ist eine holländische Ausgabe, die kurz vor 1460 entstand.

Die elf kleinformatigen (9 x 7 cm) Kupferstiche »Ars moriendi« des Meisters E. S. sind heute im Besitz des Ashmolean-Museums der Universität Oxford. Sie tragen die Nummern L. 175 bis L. 185 nach Max Lehrs (1855–1938), einem Kunsthistoriker, der das Gesamtwerk des Meister E. S. aufgelistet hat.

In fünf Bilderpaaren schildert der Kupferstecher, wie Himmel und Hölle um die Seele des Menschen kämpfen und wie man sich verhalten soll, um im Tod eine Erlösung der Seele zu finden. Den fünf Versuchungen des Widersachers – den Glauben betreffend, die Verzweiflung, die Ungeduld, die Selbstgefälligkeit und die Habsucht – stehen fünf Heil spendende Eingebungen des Angelus gegenüber. Hier ist an einen persönlichen Schutzengel zu denken. Der Kampf zwischen Licht und Dunkelheit, zwischen Krieg und Frieden, zwischen Gut und Böse, der sich im apokalyptischen Geschehen am Ende der Tage bis ins Kosmische steigert, wird sehr häufig in der Todesstunde eines einzelnen Menschen ausgetragen.

Bei aller Ernsthaftigkeit dieses Themas bereichert der Meister E. S. oftmals die Versuchungen mit amüsanten Einzelheiten. So sollen zum Beispiel auf dem ersten Bild die Teufel zum falschen Glauben verleiten, indem sie Salomons Götzenanbetung, die übermäßige Selbstkasteiung einer nackten Frau und die Tat des Selbstmörders als gefahrloses Handeln abtun.

Im abschließenden elften Kupferstich wird dargestellt, wie dem Sterbenden ein ruhiger und Gott gefälliger Tod geschenkt wird: Die Widersacher sind besiegt. Durch den Kreuzestod Christi wird die Seele erlöst. Die Erlösung erfährt die Seele des Verstorbenen innerhalb der Gemeinschaft aller Heiligen, zu der auch die Engel gehören, die hier die Seele – in Gestalt eines kleinen Menschen – aufnehmen und himmelwärts tragen.

Die Komposition und der Aufbau bleiben bei allen Kupferstichen gleich. Sie überraschen durch eine feinsinnige und lebendige Ausführung, die sich in einer Vielfalt von verschiedenen Typen widerspiegelt. Man sieht, wie ein Sterbender in seiner letzten Stunde durch Anfechtungen bedrängt, aber auch durch gute Einsprechungen von Engeln getröstet wird. Die menschliche Seele besitzt den höchsten Wert und ist für die Ewigkeit geschaffen. Um sie von diesem Ziel abzuhalten und in Besitz zu nehmen, peinigt der Widersacher den Menschen noch während seines letzten Leidens.

Der Sterbende liegt unbekleidet in seinem Bett, sein Kopf ruht auf einem Kissen, und er ist nur mit einer Decke bis zur Brust oder zum Hals zugedeckt. Um sein Bett, das schräg nach rechts im Bild angeordnet ist, gruppieren sich – je nach Blatt – abwechselnd verschiedene Figuren. Es sind Gottvater, sein Sohn, der Heilige Geist, Maria, die Gottesmutter, Engel, Heilige und Personen, die in einer Beziehung zum Leben des Sterbenden stehen, und immer wieder die angreifenden Dämonen. Sie alle bemühen sich darum, entweder durch Versuchung oder durch Ermutigung auf die Entscheidung des Sterbenden einzuwirken. Man nennt daher diesen Bilderzyklus auch die »Ars moriendi der fünf Anfechtungen«. Den fünf Versuchungen des Teufels stehen jedoch die fünf Trost spendenden Eingebungen des Engels abwechselnd gegenüber.

Die eindrucksvollen Bilder waren seinerzeit auch einem Leseunkundigen leicht verständlich. Die verschiedenen Anfechtungen stellen Lebenssituationen und Lebensbereiche dar, in denen der Kranke gefehlt hat. Jetzt, in seiner letzten Stunde, wird er aufgefordert, eine endgültige Entscheidung zu treffen. Um sich schneller und leichter entscheiden zu können, weisen die Bilder nach den Anfechtungen immer wieder auf die rettende Kraft des Glaubens an die Barmherzigkeit Gottes und zeigen Wege, wie die von dunklen Kräften bedrohte Situation durch den Glauben gemeistert werden kann. Es geht einzig und allein um die Rettung der Seele für das ewige Heil. Die freie Entscheidung jedoch wird dem Sterbenden allein überlassen.

Wenn auch viele Menschen behaupten, das Sterben und der leibliche Tod seien das Schrecklichste, so kann der körperliche Tod doch keineswegs mit dem Tod der Seele – der Trennung der Seele von Gott – verglichen werden.

- »Ein größerer Schaden liegt im Verlust einer einzigen Seele als in dem von tausend Körpern« (Aurelius Augustinus).
- »Die ganze Welt kann dem Wert einer einzigen Seele nicht gleich erachtet werden« (Bernhard von Clairvaux).

Da die Seele einen so hohen und unsterblichen Wert besitzt, ist der Widersacher geneigt, sie auch noch in der Todesstunde von Gott zu trennen und an sich zu ziehen. So kann es während einer zum Tode führenden Krankheit und selbst im Sterben sein, dass der Mensch noch großen Versuchungen ausgesetzt ist. Vornehmlich die mittelalterlichen Bilder der »Ars moriendi« wie auch die manches Mal zugeordneten Texte möchten erreichen, dass der Mensch des Öfteren an seinen Tod denkt und besonders für seine Seele Vorkehrungen trifft, um einmal ungestört und in Ruhe sterben zu können.

Viele Kirchenväter geben den Rat, häufig an sein eigenes Ende zu denken, denn dies bewirkt, vermehrt Gutes zu tun. In der Regel aber glaubt fast jeder Mensch von sich, noch recht lange zu leben, und weist Gedanken an den Tod von sich. Im Mittelalter fürchteten sich die Menschen besonders vor einem plötzlichen und schnellen Tod, denn sie wollten vorbereitet sterben.

- Der christliche Glaube sollte daher schon von frühen Jahren an fruchtbringend gelebt werden – im Gehorsam gegenüber Gott und im Einklang mit seinem Willen.
- All das, was Gott gegenüber nicht recht war, und das, was wir auf Kosten anderer für uns in egoistischer Weise in Anspruch genommen haben, muss von uns erkannt und, wenn möglich, wieder gutgemacht werden.
- Ob wir nur noch eine kurze Zeit oder länger zu leben haben – auf jeden Fall sollten wir uns fest vornehmen, uns in jeglicher Hinsicht zu bessern.
- Allen, die uns gekränkt, verletzt und beleidigt haben, sollten wir verzeihen, und von allen, die wir gekränkt, verletzt und beleidigt haben, sollten wir Verzeihung erbitten.
- Alles, was wir anderen an Anerkennung und Liebe versagt und für uns selbst in Anspruch genommen haben, sollten wir ihnen – solange wir noch in dieser Welt leben – auf angemessene Weise zurückgeben.
- Ein wiederholter Blick auf und eine Versenkung in Christus, sein Leben, seine Lehre, sein Leiden, in sei-

nen Tod und seine Auferstehung werden in uns ein tragendes Glaubens- und Christusbewusstsein wachsen lassen, das uns zu gegebener Zeit aus dieser Welt in die kommende Welt geleitet.

Zu einem großen Teil bestimmen wir es mit, in welcher seelischen Verfassung wir einmal sterben. Dieses Buch möchte uns durch Bilder und Texte auf den Weg vorbereiten, den wir alle einmal gehen müssen. Die Kupferstiche des Meisters E. S. aus dem Mittelalter möchten den Menschen damals wie heute Mut machen, den dunklen Kräften und Versuchungen während des Sterbens zu widerstehen und uns den guten Eingebungen zu öffnen, die Gott uns in seiner erbarmenden Liebe schenkt. Diese uns zufließenden und erlösenden Kräfte werden auf den alten Bildern als Engel dargestellt.

Das Mittelalter kannte noch nicht das Todestabu unserer Zeit. Die Menschen beschäftigten sich viel natürlicher, ungezwungener und intensiver mit der Vergänglichkeit und den »novissima«, den letzten Dingen. Es ist beachtenswert, wie das Mittelalter nicht von den »letzten« Dingen spricht, sondern von den »neuesten« Dingen des Menschen. Dies zeugt von einer durchaus positiven Einstellung dem Sterben und dem Tod gegenüber. Vielen Menschen ist heute der Sinn des Lebens und damit auch der Sinn des Sterbens abhanden gekommen. Die Einrichtung von Hospizen und das Engagement vieler ehrenamtlicher Helfer und Helferinnen zeigen, wie wichtig und notwendig Sterbebegleitung und damit eine Wiederbelebung der Kultur des Sterbens ist.

Versuchung im Glauben

»Ars moriendi« (L. 175) des Meisters E. S.

Da der Glaube die Grundlage allen Heils ist, bemüht sich der Feind des ganzen Menschengeschlechts mit allen Kräften, den Menschen in seiner letzten Bedrängnis vom Glauben abzubringen. »Dein Glaube ist ein Nichts!«

Gleich viermal hat der Teufel auf diesem ersten Bild Gestalt angenommen. Er ist als Mischwesen aus Mensch und Tier mit fratzenhaften Gesichtszügen dargestellt. Als Erstes versucht er durch Hochziehen des oberen Bettlakens, dem Sterbenden die Sicht auf Gottvater, Jesus Christus und Maria zu nehmen. Ein zweiter Teufel mit weiblichen Brüsten rückt dem Sterbenden mit eindeutigen Gesten näher. Dann folgt eine Gruppe von drei Personen, die spottend über den Glauben disputieren. Auch der dritte, oben links in der Luft schwebende Teufel, will den Schwerkranken zum falschen Glauben verleiten. Er zeigt auf ein Götzenbild, vor dem König Salomo mit einer seiner Frauen anbetend kniet. Im Vordergrund rechts macht ein vierter Teufel den Sterbenden auf zwei sonderbare Gestalten aufmerksam. Eine halbnackte Frau trägt in der rechten Hand eine Rute und in der linken eine Geißel. Sie will auf eine notwendige Selbstkasteiung hinweisen. Bei dem Mann handelt es sich um einen Selbstmörder, zu dem der Teufel spricht: »Töte dich selbst!« Mit der linken Hand führt der Mann ein Messer an seinen Hals. Der Teufel will mit seinem Hinweis auf die beiden Personen ihr Handeln als gefahrlos und richtig abtun.

Mit diesen verschiedenen Darstellungen soll gezeigt werden, auf welche Weise der Glaube vom Widersacher untergraben wird. Dies ist jedoch nur möglich, wenn der Mensch auch zustimmt. Es kommt also auf seine Entscheidung an. *Noch ist keine Versuchung über euch gekommen, die den Menschen überfordert. Gott ist treu; er wird nicht zulassen, dass ihr über eure Kraft hinaus versucht werdet. Er wird euch in der Versuchung einen Ausweg schaffen, sodass ihr sie bestehen könnt* (1 Korinther 10,13).

Für die positive Entscheidung stehen Engel dem Sterbenden bei. Sie möchten seinen Glauben mit allen Mitteln stärken.

- »Der Glaube ist die Grundlage alles Guten und der Anfang zur Errettung des Menschen« (Aurelius Augustinus).
- »Der Glaube ist der Anfang zum Heil für den Menschen; ohne ihn kann niemand zu den Kindern Gottes gezählt werden; alle Mühe des Menschen ist ohne ihn nichtig« (Bernhard von Clairvaux).

Der Widersacher jedoch bemüht sich mit aller Kraft, den Glauben des Sterbenden zu zerstören oder ihn wenigstens zu veranlassen, davon abzuweichen. Der Böse weiß genau: Wenn das Fundament – also der Glaube – einstürzt, bricht alles Weitere zusammen, was auf ihm aufbaut.

- »Du Elender, du befindest dich mit deinem Glauben in einem großen Irrtum: Es ist nicht so, wie du glaubst oder wie in der Kirche gepredigt wird! Es gibt auch keinen Ort der Läuterung!« Im Bild: Der obere Teufel zieht das Bettlaken vor die himmlischen Personen Gottvater, Jesus Christus und die

Gottesmutter, um dem Sterbenden seinen Glauben und die göttliche Nähe zu nehmen. Gottvater hält ein aufgeschlagenes Buch in seinen Händen. Neben ihm steht Christus, der den gleichen Kreuzesnimbus trägt wie der Vater. Mit leicht gesenktem Haupt schaut Maria liebevoll auf den Sterbenden.

- »Ich möchte deine sexuellen Vorstellungen und deine Lust anregen, denn dein Körper ist ja viel wichtiger als deine Seele.« Im Bild: Der bereits durch das Laken völlig von Gott getrennte Teufel mit weiblichen Brüsten möchte im Sterbenden unkeusche Gedanken wecken.
- »Der in dir aufkommende Zweifel ist nur gut, denn er zieht dich ab von deinem Glauben und von dem, den es gar nicht gibt.« Im Bild: Drei Personen mit fremdländischer Kopfbedeckung stehen beieinander und maßen sich an, über den christlichen Glauben zu disputieren, obwohl sie selbst keine Christen sind. Sie versuchen, den Glauben ad absurdum zu führen.
- »Schau auf die Säule und betrachte, wie innig und fromm der König Salomo zusammen mit seiner Frau den Götzen auf dem Sockel anbetet. Du solltest es auch tun!« Im Bild: Der dritte Teufel oben links im Bild weist mit ausgestrecktem rechten Arm und mit dem Zeigefinger auf die Götzensäule, auf der stolz ein falscher König mit einer Siegesfahne steht. Salomo und eine seiner Frauen tragen Königskronen; sie knien vor dieser Säule und beten an. Als Salomo älter wurde, verführten ihn seine Frauen zur Verehrung anderer Götter, sodass er dem Herrn, seinem Gott, nicht mehr ungeteilt ergeben war wie sein Vater David (1 Könige 11,4).

- »Keiner ist nach seinem Tod zurückgekehrt. Was bedeutet es da schon, wenn ein Mensch einen anderen oder sich selbst umbringt? Viele tun es, und es ist richtig so. Dein Glaube ist doch ein Nichts!« Im Bild: Der vierte, stark behaarte Teufel unten rechts macht mit seiner rechten Hand den Sterbenden auf einen Mann aufmerksam – mit seiner linken Hand weist er auf ihn –, der im Begriff ist, mit einem Messer Selbstmord zu begehen. Neben ihm steht eine halbnackte Frauengestalt, die mit Rute und Geißel sich selbst kasteit und damit zerstört.

Erstmals befindet sich bei Hildegard von Bingen (1098–1179) in einem »Traktat über den Tod« die Vorstellung, dass der Teufel den Sterbenden in seiner letzten Stunde besonders mit Anfechtungen versucht. »Der Teufel will nur eins: die Seele dem Tode ausliefern. Er sucht nur das zu tun und kann nichts anderes machen und kann es kaum ertragen, bis er das, was er tun will, ausgeführt hat« (Welt und Mensch, 182).

Ermutigung im Glauben

»Ars moriendi« (L. 176) des Meisters E. S.

Zur guten Entscheidungsfindung steht dem Sterbenden sein Schutzengel zur Seite. Er ist durch die großen Flügel und den Siegeskranz auf seinem Kopf zu erkennen. Der Engel verweist nicht nur auf Gottvater, den Sohn und Maria, sondern auch auf den Glauben großer Gestalten der Heils- und Kirchengeschichte, die diesen und ähnlichen Anfechtungen widerstanden haben.

Über dem Kopf des Sterbenden erhebt sich zum Schutz ein Baldachin, auf dem die Taube als Symbol des Heiligen Geistes zu sehen ist. In der ersten Reihe der Umstehenden ist Gottvater mit Bart zu erkennen, neben ihm Jesus Christus, der in der rechten Hand die Weltkugel trägt und mit der linken den Sterbenden segnet. *Er trägt das All durch sein machtvolles Wort und hat die Reinigung von den Sünden bewirkt* (Hebräer 1,3). Links neben Christus steht Maria, seine Mutter, die mit einem Fuß auf den Dämon tritt. Hinter Christus und Maria erkennt man einen Apostel, der ein Buch in seiner Rechten trägt. Die Schar der Seligen und Heiligen ist grenzenlos. In der zweiten Reihe hinter Gottvater rechts ist Mose zu sehen. Wenn der Sterbende sich für den Glauben entscheidet und ihn fest bekennt, dürfen wir davon ausgehen, dass alle Dämonen fliehen. »Wir sind besiegt!« – »Wir mühen uns vergeblich!« Sie stürzen ohnmächtig zu Boden und suchen, abgewandt vom Sterbenden, das Weite.

Weil die Seele für die Ewigkeit geschaffen ist, muss sie den Wert und die Wünsche des Körpers übertreffen. Der Schutzengel, der dem Sterbenden beisteht, weiß darum und ist bemüht, seinen Glauben zu stärken. Vor einem fest bekannten Glauben stürzen die Dämonen zu Boden und fliehen in alle Richtungen. Der Schutzengel des Sterbenden, der ihn ein Leben lang begleitet hat, findet jetzt einen besonderen Zugang zu seiner Seele. Der Siegeskranz auf seinem Haupt will zeigen, dass durch einen starken Glauben die dämonische und widergöttliche Welt besiegt wird. An seinen Fingern zählt der Engel ab, was alles zum Glauben gehört und was bedacht werden muss, um ihn sich noch tiefer zu eigen zu machen.

Der Engel sieht, dass die erste Versuchung des Teufels nicht spurlos an seinem Schützling vorübergezogen ist. Deshalb gibt er ihm eine kräftige Ermutigung im Glauben: »Traue den zerstörerischen Einflüsterungen des Bösen nicht. Alles, was von ihm kommt, bringt unsagbares Unheil.« *Er war ein Mörder von Anfang an. Und er steht nicht in der Wahrheit; denn es ist keine Wahrheit in ihm. Wenn er lügt, sagt er das, was aus ihm selbst kommt; denn er ist ein Lügner und ist der Vater der Lüge* (Johannes 8,44).

Der Engel redet dem Sterbenden in diesem Moment alle Zweifel am Glauben aus: »Dein Verstand und dein Denken sind nicht in der Lage, alles zu verstehen. Wenn du jedoch alles verstehen könntest, wäre der Glaube nichts Besonderes mehr.«

- »Ein Glaube, dem die menschliche Vernunft einen Beweis liefert, hat kein Verdienst« (Gregor der Große).

- *Ohne Glauben aber ist es unmöglich, Gott zu gefallen; denn wer zu Gott kommen will, muss glauben, dass er ist und dass er denen, die ihn suchen, ihren Lohn geben wird* (Hebräerbrief 11,6).
- *Wer an ihn* (den Sohn Gottes) *glaubt, wird nicht gerichtet; wer nicht glaubt, ist schon gerichtet, weil er an den Namen des einzigen Sohnes Gottes nicht geglaubt hat* (Johannes 3,18).
- »Unter den Tugenden ist der Glaube der Erstgeborene ... Dadurch, dass Maria den Glauben an Christus empfangen hat, war sie noch seliger als dadurch, dass sie den Leib Christi empfangen hat« (Bernhard von Clairvaux).

Wie engagiert der Engel ist, zeigt die Stellung seiner Finger. Er zählt der Reihe nach die wichtigen Positionen des Glaubens auf – behutsam darauf bedacht, keine zu vergessen. In allem, was er sagt, macht er für den Sterbenden den Glauben einsehbar. »Widerstehe den dämonischen Kräften, die dir deinen Glauben zerstören und nehmen wollen, und schau auf die heilige Kirche.« Der Kupferstecher macht diesen Augenblick wunderbar deutlich, indem er hinter Gottvater, Christus und Maria, von Mose angefangen, die große Zahl der Heiligen im Himmel zeigt. »Durch ihren Glauben haben alle – Abraham, Isaak, Jakob, Hiob, die Apostel, die Märtyrer und Bekenner – bei Gott Wohlgefallen gefunden. Unzählige Männer und Frauen sind Christus im Glauben nachgefolgt und haben durch ihn Erlösung gefunden. Sie alle möchten dir in deinem Sterben zur Seite stehen und deiner Seele helfen, den rechten Weg zu wählen und zu gehen.«

Der Gottesmutter Maria kommt auf diesem Bild noch eine besondere Aufgabe zu. Mit ihrem rechten Fuß tritt sie auf den Kopf des linken Teufels. Damit erweist sie sich als Siegerin über die Sünde, die durch die ersten Menschen in die Welt kam. Hebt Maria, die der Schlange den Kopf zertritt, damit die Feindschaft zwischen der Frau und der Schlange auf? (vgl. Genesis 3,15; Offenbarung 12,9).

Rechts von Gottvater steht Mose, der an den Hörnern zu erkennen ist. Seit dem 12. Jahrhundert wird er häufig mit Hörnern abgebildet. Hier liegt eine missverständliche Übersetzung des Urtextes von Exodus 34,29b zugrunde. Das strahlende Antlitz des Mose nach dem Gesetzesempfang ist damit gemeint. *Während Mose vom Berg herunterstieg, wusste er nicht, dass die Haut seines Gesichtes Licht ausstrahlte, weil er mit dem Herrn geredet hatte* (Exodus 34,29b).

Es ist für den Sterbebegleiter, im Bild ist es der Schutzengel, wichtig, bei Glaubenszweifeln zusammen mit dem Sterbenden mit klarer und gut vernehmbarer Stimme mehrmals das Glaubensbekenntnis laut zu beten. Der Kranke wird damit zur Standfestigkeit im Glauben ermutigt, und die dämonischen Mächte verflüchtigen sich.

- Der Glaube vermag alles, denn dem, der glaubt, ist alles möglich (vgl. Markus 9,23).
- *Und alles, was ihr im Gebet erbittet, werdet ihr erhalten, wenn ihr glaubt* (Matthäus 21,22).

Noch ein letzter Blick auf die Taube ganz oben rechts im Bild. Sie ist das Symbol des Heiligen Geistes – besonders hervorgehoben durch den Kreuzesnimbus um ihren Kopf. Die Taube breitet ihre Flügel aus und es scheint, als ob sie sich jeden Augenblick zum Flug erheben werde. Dies ist ein Zeichen dafür, wie licht und leicht die Seele des Sterbenden in diesem Augenblick durch die Ermutigung im Glauben geworden ist. Der Schutzengel ist zu einem Siegesengel geworden, der nicht nur die Dämonen vertreibt, sondern auch durch die göttliche Botschaft den Sterbenden mit dem Himmel verbindet.

Versuchung durch Verzweiflung

»Ars moriendi« (L. 177) des Meisters E. S.

Sechs Teufel mit ihren bösen Machenschaften haben sich um das Sterbebett versammelt, um dem Sterbenden vergangene Vergehen vorzuwerfen. Der erste Teufel steht am Kopfende des Bettes und führt ein junges Mädchen vor, mit dem der Sterbende in früheren Zeiten Ehebruch begangen haben soll. Zusammen mit dem neben ihr stehenden jungen Mann – der Kranke in jungen Jahren – sollen sexuelle Gefühle geweckt werden. Der nächste Teufel hebt beide Hände und schwört. Er will den Sterbenden daran erinnern, dass er einen Meineid begangen hat. Der mittlere Teufel hält ein Sündenregister hoch, auf das er mit der linken Hand hinweist. Zu den körperlichen Schmerzen fügt der Teufel weitere hinzu, indem er alle Sünden aufgelistet hat: »Siehe hier all deine Sünden!«

Am Fußende des Bettes steht der vierte Teufel. Zu seinen Füßen sitzt ein nackter Mensch, der seiner Kleider und seines Geldes beraubt wurde. Beides hält dieser Teufel in seinen Händen. Der Sterbende soll sich daran erinnern, dass er andere Menschen übervorteilt hat. Der nächste Teufel mit langhaarigem Fell hebt wutentbrannt einen Dolch in die Höhe, mit dem er den am Boden Liegenden töten will. Der sechste Teufel vorn rechts im Bild macht den Sterbenden auf einen Bettler aufmerksam, der mit zerrissenen Kleidern auf einem Stein sitzt und gesenkten Hauptes sich auf einen Bettlerstab stützt. »Geizig warst du dein Leben lang den Armen gegenüber!«

Durch das massive Einwirken der Dämonen soll der Sterbende an der Barmherzigkeit Gottes zweifeln und durch Verzweiflung erliegen, um so von Gott abzulassen. Die Dämonen wissen, dass durch Verzweiflung alle Hoffnung zerstört wird und der Sinn des Lebens und des Todes abhandenkommt. Verzweiflung geht tiefer als ein Gefühl der Ausweglosigkeit, der Angst oder gar der Glaubensnot. Jegliches Vertrauen in Gottes Güte und Heil ist abhandengekommen. Nach Sören Kierkegaard, dem dänischen Philosophen und Theologen (1813–1855), stellt die Verzweiflung die »Krankheit zum Tod« dar, das heißt, »die Sünde schlechthin«.

Von allen Seiten wird der Sterbende von Dämonen bedrängt, die ihm – völlig übersteigert – all seine Sünden vorhalten. In ihrer rasenden Wut, die Seele könnte ihnen entkommen, vergrößern sie jeweils die begangenen Sünden und versuchen damit, das Gewissen und die Seele des Kranken zu belasten und zu verfinstern. Gegen den Uhrzeigersinn gelesen, weist der erste Teufel auf Ehebruch hin, der zweite auf Meineid, der dritte, aus dessen Hundekopf ein Gehörn wächst, macht durch das Sündenregister alle Vergehen des gesamten Lebens bewusst, der vierte hämisch lachende Teufel will deutlich machen, wie der Kranke andere Menschen beraubt und bloßgestellt hat: »Du hast stolz, geizig, unkeusch, gefräßig, jähzornig, neidisch, egoistisch und träge gelebt!«

Der fünfte, mit einem Fell bekleidete Teufel, trägt ein Menschengesicht vor seinem Leib. Er will die Vernichtung eines Menschen andeuten, indem er drohend einen Dolch erhebt. Der sechste Widersacher führt dem Sterbenden seine Hartherzigkeit vor Augen. Jede dieser Sünden allein wiegt schon so schwer, dass sie Verdammnis zur Folge hat. Darüber hinaus wollen die Widersacher dem Kranken die Unmöglichkeit der Reue und der Umkehr bewusst machen und ihn völlig zur Verzweiflung bringen.

Das ihm vorgehaltene Sündenregister soll zu den körperlichen Schmerzen des Sterbenden starke seelische Schmerzen hervorrufen. »Du Unseliger, betrachte deine Sünden! Sie sind so übermächtig groß, dass du niemals Verzeihung erlangen kannst. Wie Kain wirst du sprechen: *Zu groß ist meine Schuld, als dass ich sie tragen könnte* (Genesis 4,13). Du Unseliger, du hast keine Gnade verdient.«

In ihrer Wut lassen die Dämonen nicht nach, dem Sterbenden immer wieder seine Vergehen vor Augen zu führen: »Du hast schwer gesündigt gegen Gott, indem du ihn nicht geliebt hast. Du hast den Menschen Unrecht zugefügt, sie getäuscht, ausgebeutet und bloßgestellt. Du selbst hast herrlich und in Freuden gelebt, aber auf Kosten anderer. Niemand kann gerettet werden, der die Gebote Gottes nicht befolgt. Weil du Gott keine Liebe entgegenbringst und seine Gebote nicht gehalten hast, wird auch er dich nicht lieben und sich dir auch nicht offenbaren, sondern dich auf ewig verstoßen.«

»Und wie sieht es mit den sieben Werken der Barmherzigkeit aus, die du nicht erfüllt hast: Hungrige speisen, Durstigen zu trinken geben, Fremde und Obdachlose aufnehmen, Nackte bekleiden, Kranke und Gefangene besuchen, Trauernde trösten, Tote bestatten und ihrer gedenken? (vgl. Matthäus 25,34–36). Wer wie du die Werke der Barmherzigkeit verweigert, wird vom

Reich Gottes ausgeschlossen (vgl. Matthäus 25,41–46). Kannst du denn da noch irgendeine Hoffnung auf Rettung haben?«

- *Denn das Gericht ist erbarmungslos gegen den, der kein Erbarmen gezeigt hat* (Jakobus 2,13).
- »Jeder, der im Stand der Sünde ist und die Hoffnung auf wahrhafte Vergebung aufgegeben hat, geht der Barmherzigkeit verlustig« (Aurelius Augustinus).

Da nichts so sehr gegen Gott verstößt wie die Verzweiflung, setzen die Dämonen ihre ganze Kraft ein, um den Sterbenden zur Verzweiflung zu bringen.

Trost durch Zuversicht

»Ars moriendi« (L. 178) des Meisters E. S.

Der Engel erscheint erneut, um dem Kranken bewusst zu machen, dass einzig und allein die Barmherzigkeit Gottes retten kann. Von Gesicht zu Gesicht steht der Engel Gott gegenüber und ermahnt den Sterbenden, keinesfalls zu verzweifeln. Um Gottes Barmherzigkeit zu veranschaulichen, stellt der Engel Sünder vor, die Verzeihung erlangt haben.

Der Hahn am Kopfende des Bettes weist auf die Sünden des Petrus hin, der seinen Herrn dreimal verleugnete. Trotzdem gab ihm der Herr den Schlüssel des Himmelreichs und setzte ihn als Oberhaupt der Kirche ein. Der Schlüssel zeigt am unteren Ende ein Herz und symbolisiert damit die Barmherzigkeit Gottes. An den langen Haaren und mit dem Alabastergefäß in Händen ist neben Petrus Maria Magdalena zu erkennen, die auch »die Sünderin« genannt wird. Sie zeigt dem Sterbenden das Gefäß mit Öl und schaut ihn dabei liebevoll an. Das Öl erinnert an die Krankensalbung. Zwei Schächer wurden mit Jesus gekreuzigt. Der eine bekannte seine Sünden und wandte sich an Jesus, der ihn rettete.

Mit dem rechten Arm zeigt der Engel auf Saulus, der mit Drohung und Mord gegen die Jünger des Herrn wütete. Auf dem Weg nach Damaskus umstrahlte ihn plötzlich ein Licht vom Himmel. Zusammen mit seinem Pferd stürzt er zu Boden. In diesem Augenblick erfährt er Bekehrung und wird vom Herrn als Apostel Paulus in Dienst genommen. Vor dieser großen Barmherzigkeit fliehen die Dämonen.

Nachdem der Sterbende die zweite große Versuchung bestanden hat, erscheint erneut der Engel und spricht: »Verzweifle nicht! Hab Vertrauen und Zuversicht! Selbst wenn du all die Sünden begangen hättest, die dir die Dämonen vor Augen geführt haben, und selbst, wenn du keine Reue empfunden und die Sünden auch nicht bekannt hättest, so darfst du trotzdem keineswegs verzweifeln. Wenn es dir jetzt leidtut, dass du gesündigt hast, wird Gott dir vergeben.«

- *Der Schuldige wird durch seine Schuld nicht zu Fall kommen, sobald er sein schuldhaftes Leben aufgibt* (Ezechiel 33,12).
- *Denn gnädig und barmherzig ist der Herr; er vergibt die Sünden und hilft zur Zeit der Not* (Jesus Sirach 2,1).
- *Das Opfer, das Gott gefällt, ist ein zerknirschter Geist, ein zerbrochenes und zerschlagenes Herz wirst du, Gott, nicht verschmähen* (Psalm 51,19).
- »Gott hat noch mehr Erbarmen als der Mensch zu sündigen vermag« (Bernhard von Clairvaux).

»Verzweifle nicht!«, wiederholt der Engel, »denn gerade durch deine Verzweiflung beleidigst du den gütigen Gott noch mehr und deine anderen Sünden wiegen dadurch schwerer. Christus ist für die Sünder, nicht für die Gerechten gekreuzigt worden: *Denn ich bin gekommen, um die Sünder zu rufen, nicht die Gerechten* (Matthäus 9,13), sagt Jesus von sich. Sehr feinfühlig geht der Engel vor, indem er in aller Ruhe auf bekannte Sünder verweist, die durch die Barmherzigkeit Gottes Verzeihung erlangt haben. Trotz ihrer zum Teil schweren Sünden hat Gott sie alle in sein himmlisches Paradies gerufen.

Der Hahn am Kopfende des Kranken deutet auf Petrus, der seinen Herrn verleugnete, nachdem er vorgab, mit dem Herrn in den Tod gehen zu wollen. *Herr, ich bin bereit, mit dir sogar ins Gefängnis und in den Tod zu gehen. Jesus erwiderte: Ich sage dir, Petrus, ehe heute der Hahn kräht, wirst du drei Mal leugnen, mich zu kennen* (Lukas 22,33–34). Trotz seiner Sünden baut Christus auf Petrus, den Fels, seine Kirche auf, von der er voraussagt, dass die Mächte der Unterwelt sie nicht überwältigen werden. *Ich werde dir die Schlüssel des Himmelreichs geben,* sagt Jesus zu Petrus, *was du auf Erden binden wirst, das wird auch im Himmel gebunden sein, und was du auf Erden lösen wirst, das wird auch im Himmel gelöst sein* (Matthäus 16,19).

Auf unserem Kupferstich des Meisters E. S. trägt Petrus einen übergroßen Schlüssel in seiner rechten Hand, um ihn dem Sterbenden zu zeigen und ihm Hoffnung zu machen, dass sich auch für ihn die Tore des Himmelreichs öffnen. Petrus stößt förmlich das untere Ende des Schlüssels, das wie ein Herz aussieht, in die Brust des Kranken hinein, um ihm damit die Barmherzigkeit Gottes einzupflanzen.

Neben Petrus steht Maria Magdalena ebenso dicht wie er am Bett des Sterbenden, um ihm nahe zu sein. Sie ist an dem kostbaren Alabastergefäß mit Öl und an ihren langen Haaren zu erkennen. *Als nun eine Sünderin, die in der Stadt lebte, erfuhr, dass er* (Jesus) *im Haus des Pharisäers bei Tisch war, kam sie mit einem Alabastergefäß voll wohlriechendem Öl und trat von hinten an ihn heran. Dabei weinte sie, und ihre Tränen fielen auf seine Füße. Sie trocknete seine Füße mit ihrem Haar, küsste sie und salbte sie mit dem Öl* (Lukas 7,37–38). Auch Matthäus und

Markus berichten von der Salbung in Betanien, doch bei ihnen gießt Maria Magdalena das kostbare Nardenöl Jesus über das Haar. Jesus vergibt ihr ihre Sünden, weil sie ihm so viel Liebe gezeigt hat.

Auf unserem Bild zeigt Maria Magdalena dem Sterbenden das Alabastergefäß mit dem wohlriechenden Öl und schaut ihn dabei liebevoll an. Das Öl erinnert an die Krankensalbung. Der Priester salbt den Kranken mit dem geweihten Öl und spricht betend die Heilszusage aus: »Durch diese heilige Salbung helfe dir der Herr in seinem reichen Erbarmen, er stehe dir bei mit der Kraft des Heiligen Geistes: Der Herr, der dich von Sünden befreit, rette dich, in seiner Gnade richte er dich auf.«

Als Nächstes führt der Engel den Sterbenden auf den Berg Golgota, auf dem Jesus zusammen mit zwei Verbrechern gekreuzigt wird. Einer der Verbrecher, Gestas, verhöhnte Jesus, der andere dagegen – sein Name ist Dysmas – setzte sich für Jesus ein und sagte: *Nicht einmal du fürchtest Gott? Dich hat doch das gleiche Urteil getroffen. Uns geschieht Recht, wir erhalten den Lohn für unsere Taten; dieser aber hat nichts Unrechtes getan. Dann sagte er: Jesus, denk an mich, wenn du in dein Reich kommst. Jesus antwortete ihm: Amen, ich sage dir: Heute noch wirst du mit mir im Paradies sein* (Lukas 23,40–43).

Die Namen der beiden mit Jesus Gekreuzigten – Dysmas und Gestas – erfahren wir aus den »Pilatusakten«, die den ersten Teil des Nikodemus-Evangeliums bilden, einer geheimen, apokryphen Schrift, die nicht in den Bibelkanon aufgenommen wurde. Die dunklen Strahlen und Steinbrocken hinter dem gekreuzigten Dysmas deuten zum einen auf die Wucht der Finsternis, die in der Sterbestunde Jesu eintrat, zum anderen aber auch auf die Steinigung des Stephanus, mit der Saulus einverstanden war. Dieses explosionsartige Geschehen weist ebenso auf die Bekehrung des Saulus hin. *Unterwegs aber, als er sich bereits Damaskus näherte, geschah es, dass ihn plötzlich ein Licht vom Himmel umstrahlte. Er stürzte zu Boden und hörte, wie eine Stimme zu ihm sagte: Saul, Saul, warum verfolgst du mich?* (Apostelgeschichte 9,3). Vom Heiligen Geist erfüllt, wurde Saulus zum Paulus.

Der Engel möchte, dass sich der Kranke ein Beispiel nimmt an Petrus, der den Herrn verleugnet, an Maria Magdalena, der Ehebrecherin, am Schächer Dysmas, der neben Christus am Kreuz hängt und als erster Heiliger des Neuen Testaments in die Herrlichkeit Gottes eingeht, an Saulus, der die Kirche verfolgt, und vielleicht noch an weiteren Personen, die sich bekehrten, wie Matthäus und Zachäus, die Zöllner waren und für die Römer Geld eintrieben, oder Maria aus Ägypten und andere.

Das Erbarmen Gottes ist übergroß, weitaus größer als die Menschen zu sündigen vermögen. Deshalb fliehen die Dämonen und rufen: »Uns wird kein Sieg zuteil!« In den Sterbenden kehrt Vertrauen und Hoffnung zurück. »Die Hoffnung ist der Anker unserer Rettung, das Fundament unseres Lebens, die Führerin auf dem Weg zum Himmel. Und deswegen darf sie, gleich welcher Sünden wegen, nie aufgegeben werden!« (Chrysostomus).

Versuchung durch Ungeduld

»Ars moriendi« (L. 179) des Meisters E. S.

Der Teufel nutzt die Ungeduld des Kranken, die aus seinem Leiden und aus Schwäche entsteht, und treibt ihn zu Handlungen, die gegen die Liebe verstoßen. Er flüstert ihm ein: »Niemand hat Mitleid mit dir. Deine Familie und deine Freunde wünschen heimlich deinen Tod, um deinen Besitz unter sich zu verteilen!« Die Frau des Sterbenden weist auf ihn mit den Worten: »Siehe, welche Pein er leidet!« Der Arzt wendet sich ab, da er nicht mehr helfen kann, sodass ihm der Kranke einen Fußtritt in den Rücken versetzt. Erschreckt blickt er sich um. Eine Magd, die das Essen und ein Getränk bringt, steht hilflos vor einem umgeworfenen Tisch. Geschirr und Essbesteck liegen verstreut am Boden. Der als Drache dargestellte Teufel spornt mit lechzender Zunge den Sterbenden zu noch mehr Lieblosigkeit und Ungeduld an und triumphiert: »Wie gut habe ich ihn hintergangen!«

Der Sterbebegleiter sollte wissen, wie schwer es für den Kranken ist, den Tod wirklich anzunehmen. In den Protest gegen den Tod, der zur Todesbewältigung gehört, mischen sich widergöttliche Kräfte, um die Auflehnung noch zu verstärken. In dieser Phase macht der Sterbende anderen das Leben schwer; er wird schwierig und böse, indem er dazu all seine Kräfte aufbietet, ja, seine allerletzten Reserven mobilisiert. So wie die Frau des Kranken ruhig bleibt, so sollte auch der Sterbebegleiter Verständnis haben für die heftige Auflehnung des Kranken gegen den Tod.

Der Widersacher – obwohl er nur als Drachengestalt halb auf diesem Bild dargestellt ist – hat mit seinem zerstörenden Einfluss großen Erfolg. Er versucht, den Sterbenden gerade in seinem Leiden zu Handlungen der Ungeduld und der Lieblosigkeit zu verführen. Alles, was der Kranke getan hat, von sich gibt und tut, sei gegen die Liebe gerichtet, die geduldig, langmütig, dankbar und gütig ist (vgl. 1. Korintherbrief 13,4). Ein langes Leiden macht den Kranken, der kurz vor dem Tod steht, zeitweilig äußerst ungeduldig und für die Menschen in seiner Nähe ungenießbar. Dies ist in besonderer Weise der Fall, wenn der Sterbende die Wirklichkeit seines Todes nicht annehmen kann. Hinzu kommen Schmerzen, die nicht aufhören, und Schlaflosigkeit, die zu noch größerer Unruhe und Ungeduld führen.

Man spürt beim Kranken in dieser Phase noch einmal ein heftiges Aufbegehren, große Unzufriedenheit und besonders Lieblosigkeit gegenüber denjenigen, die ihn pflegen und es gut mit ihm meinen: seine Frau, die großes Verständnis für sein schweres Leiden aufbringt, der machtlose Arzt, der mit einem kräftigen Fußtritt vom Kranken weggestoßen wird, und die entsetzte Magd, die Speise und Trank bringt und den Tisch decken möchte. In seiner großen Unruhe und Verzweiflung jedoch hat der Kranke den Tisch neben seinem Bett umgestoßen, weil er spürt: weder Essen und Trinken noch die Medizin geben ihm Kraft und Heilung.

Eine äußerlich erscheinende Kleinigkeit, die den Mittelpunkt des Bildes ausmacht, gibt diesem Kupferstich noch einen besonderen Akzent, der auf Christus hinweist. Um den Mittelpunkt des Bildes zu bestimmen, zieht man die Diagonalen. In ihrem Schnittpunkt befindet sich der Becher, der besonders vorsichtig und auffällig von der Magd hereingetragen wird. Vielleicht liegt hierin ein versteckter Hinweis auf Jesu Worte im Gebet am Ölberg: *Abba, Vater, alles ist dir möglich. Nimm diesen Kelch von mir!* (Markus 14,36 a).

Der Dämon wird um die Heiligkeit dieses Kelches wissen, denn mit lechzender Zunge und mit kalten Augen starrt er gebannt auf diesen Kelch. Jesus, der in Furcht und Todesangst darin ein Vorzeichen seines Todes am Kreuz auf Golgota erlebte und den Vater bat, diesen Kelch von ihm zu nehmen, legt jetzt alles in die Hände des Vaters, indem er betet: *Aber nicht, was ich will, sondern was du willst soll geschehen* (Markus 14,36 b). An dieser bedingungslosen Hingabe an den Willen des himmlischen Vaters will der Widersacher den Sterbenden mit aller Gewalt hindern. Daher werden seine bösen Einflüsterungen immer stärker, und er versucht zu überzeugen, dass der zu ertragende Schmerz völlig sinn- und nutzlos ist und gegen jegliche Vernunft geschieht. Auf diesem Weg ist der Teufel weiter bemüht, dem Sterbenden all seine Verdienste zu zerstören und sein Selbstwertgefühl zu vernichten.

Alle, die das Sterbezimmer betreten, sei es der Arzt, der Geistliche, Angehörige oder der Sterbebegleiter, sollten Verständnis haben für die heftige Auflehnung des Kranken gegen seinen bevorstehenden Tod, denn er ist und bleibt nun einmal der letzte Feind des Menschen. *Denn er* (Christus) *muss herrschen, bis Gott ihm alle Feinde unter die Füße gelegt hat. Der letzte Feind, der entmachtet wird, ist der Tod* (1. Korintherbrief 25–26).

Trost durch Geduld

»Ars moriendi« (L. 180) des Meisters E. S.

Gegen die dritte Versuchung, durch Ungeduld alles Gute und Heilende sowohl für den Leib als auch für die Seele von sich zu stoßen, steht die Eingebung des Engels: »Wende deinen Geist von der Ungeduld ab, denn durch Ungeduld wird die Seele belastet, durch Geduld erfährt sie Erleichterung. Durch Geduld kannst du alle Feinde der Seele überwinden. Daher schau auf Christus und alle Heiligen, die geduldig waren bis zum Tod!«

Am Kopfende steht der für alle Menschen in die Passion gegangene dornengekrönte Christus. In einer Hand hält er eine Geißel, in der anderen ein Rutenbündel. Gottvater trägt in der rechten Hand einen spitzen Pfeil, in der linken eine Geißel. Es folgen zu seiner Rechten vier Märtyrer. Barbara wurde wegen ihres Glaubens von ihrem Vater in einen Turm gesperrt. Sie wird angerufen für die Gnade der Wegzehrung in der Todesstunde. Hinter ihr ist der Diakon Laurentius mit einem Rost abgebildet, auf dem er zu Tode gebrannt wurde. Er wird angerufen, um bei Qualen des Fegefeuers hilfreich zu sein. Als Symbol ihres Martyriums trägt Katharina von Alexandrien das Rad, auf dem sie gefoltert wurde. Der am Fußende des Bettes stehende Märtyrer ist Stephanus, der Steine trägt. Er vertrat die Wahrheit der Lehre Jesu und wurde daraufhin durch Steinigung zum Tod verurteilt. Stephanus wird angerufen für einen guten Tod. Zwei am Boden liegende Teufel jammern, dass all ihre Mühe umsonst war.

Der Engel ermutigt den Sterbenden, das unabänderliche Leiden geduldig anzunehmen und es als eine Art »Fegefeuer vor dem Tod« zu verstehen, um schneller in die Herrlichkeit der Ewigkeit und Anschauung Gottes aufgenommen zu werden. Durch Ungeduld und Murren aber wird die Seele das Himmelreich nicht erlangen. Es heißt, das Unabänderliche anzunehmen und mitten hindurch auf das Ziel zuzugehen, das Jesus Christus in Ewigkeit ist. Augustinus sagt: »Herr, brenne hier und schneide dort, damit du mich in Ewigkeit verschonst ... Stoße also die Ungeduld wie eine bösartige Seuche von dir und ergreife die Geduld als starken Schild, mit dem alle Feinde der Seele leicht überwunden werden können, und schaue auf Christus und alle Heiligen in ihrer großen Langmut bis zum Tod.«

- *Was ihr braucht, ist Ausdauer, damit ihr den Willen Gottes erfüllen könnt und so das verheißene Gut erlangt* (Hebräerbrief 10,36).
- *Musste nicht der Messias all das erleiden, um so in seine Herrlichkeit zu gelangen?* (Lukas 24,26).
- *Wenn ihr standhaft bleibt, werdet ihr das Leben gewinnen* (Lukas 21,19).
- *Besser ein Langmütiger als ein Kriegsheld, besser, wer sich selbst beherrscht, als wer Städte erobert* (Sprichwörter 16,32).

Gottvater und sein eingeborener Sohn Jesus Christus sind dem Kranken ganz nahe. Er sieht den leidenden und entblößten Herrn, der die Dornenkrone trägt und in seiner rechten Hand eine Geißel und in seiner linken ein Rutenbündel hält. Christus möchte dem Sterbenden vermitteln, trotz der körperlichen und seelischen

Schmerzen durchzuhalten und auf die Auferstehung zu hoffen. Gütig und voll Erbarmen schaut er den Hilfesuchenden an.

Auch Gottvater, der neben seinem Sohn steht, hat die gleiche Kopfhaltung wie Christus, aus der Mitleid, Güte und Erbarmen sprechen. Abbildungen dieser Art sind selten, auf denen Gottvater mit Leidenswerkzeugen zu sehen ist: ein großer scharfer Pfeil in seiner rechten Hand und eine Geißel in seiner linken. Will der Kupferstecher damit sagen, dass unabwendbare und in Geduld getragene Leiden einen tiefen, in Gott verankerten Sinn und reinigenden Charakter haben? Auf diesem Bild stehen Gottvater und der Sterbende in einem ganz besonderen Kontakt. Die linke erhobene und geöffnete Hand des Kranken gibt zu erkennen, dass er bereit ist, alles aus Gottes Hand anzunehmen. Wie Vater und Sohn als Einheit wahrgenommen werden, so bilden auch die vier Märtyrer für sich eine Einheit. Trotz großer Schmerzen haben sie in Geduld und Zuversicht das Leiden und den Tod auf sich genommen.

Die heilige Barbara, die als eine der »Vierzehn Nothelfer« verehrt wird, trägt einen Turm in ihrer rechten Hand. Dieser Turm, der fensterlos war, deutet auf Gefängnis, Finsternis und Verschanzung des Bösen. Ihr heidnischer Vater ließ sie in ein Turmverlies einsperren, um sie vom Christentum abzubringen. Als der Vater auf Reisen war, ließ Barbara drei Fenster in diesen Turm schlagen. Sie sagte ihrem erbosten Vater, dass durch die drei Fenster die erleuchtende Gnade des dreifaltigen Gottes Eingang bei ihr gefunden habe. Daraufhin ließ sie der Vater zuerst foltern und brachte sie dann mit eigener Hand um. Aus dem Dunkel des Todes möchte die heilige Nothelferin uns frei machen durch die Christusgegenwart in der heiligen Eucharistie.

Der heilige Laurentius – er steht etwas versteckt hinter der heiligen Barbara – war Erzdiakon des Papstes Xystus II. (257–258). Kaiser Valerian verlangte von Laurentius, ihm den Schatz der Kirche auszuliefern. Der Diakon sagte, dass er dazu drei Tage benötige. Sie wurden ihm gewährt. In dieser Zeit verteilte er alle Güter der Kirche an die Armen und Kranken in Rom. Mit ihnen zusammen trat er vor den Kaiser mit den Worten: »Sie sind der Schatz der Kirche!« Daraufhin wollte der Kaiser Laurentius durch Folter zwingen, dem Glauben abzuschwören und ihn anzubeten. Doch Laurentius sagte, er bete nicht das Geschöpf, sondern den Schöpfer an. Da befahl Kaiser Valerian, Laurentius auf einem Rost zu Tode zu brennen.

Katharina von Alexandrien machte der Überlieferung nach dem Kaiser Maxentius (305–312) wegen seiner Grausamkeit Vorwürfe. Dieser wollte daraufhin Katharina in einem wissenschaftlichen Disput öffentlich bloßstellen und bot fünfzig heidnische Philosophen gegen sie auf, die aber Katharinas Weisheit nicht gewachsen waren. Danach wurde sie auf ein Rad gebunden und gefoltert. Als das Rad aber zerbrach und sie noch lebte, wurde sie mit dem Schwert enthauptet. Engel sollen ihren toten Leib auf den Sinai gebracht haben. Die heilige Katharina zählt zu den »Vierzehn Nothelfern«. Mit dem Rad der Folter in der einen und dem Schwert in der anderen Hand stellte Meister E. S. sie dar.

Als letzter Märtyrer steht der heilige Stephanus im Gewand des Diakons am Bett des Sterbenden. Er ist einer der sieben Diakone der Urgemeinde in Jerusalem, der Jesus als den Gekreuzigten, Auferstandenen und in Gottes Herrlichkeit erhöhten Messias verkündet und durch sein Wort und sein Blut Zeugnis für Jesus Christus ablegt. Nach einer glänzenden Verteidigungsrede vor dem Hohen Rat (vgl. Apostelgeschichte 7,1–53) wird er von diesem zum Tod durch Steinigung verurteilt. Sterbend verzeiht Stephanus seinen Feinden.

Diese hervorragenden Märtyrer haben mit ihrem Schicksal und der Annahme ihres Todes um Jesu Christi willen die Dämonen derart beeindruckt, dass sie ohnmächtig zu Boden stürzen und dabei erkennen müssen, dass all ihre Mühe umsonst war. Um ruhig und in Gott zu sterben, müssen wir jedoch nicht den Status eines Märtyrers haben. Gregor der Große (540–604) drückt dies mit wunderbaren Worten aus: »Ohne Foltereisen können wir Märtyrer werden, wenn wir in unserem Geist wahrhaft Geduld zeigen.«

Versuchung durch Hochmut

»Ars moriendi« (L. 181) des Meisters E. S.

Fünf Dämonen umstehen dicht gedrängt das Bett des Sterbenden. Sie wollen mit aller Gewalt, dass der Kranke in Selbstüberheblichkeit nur auf seine eigenen Verdienste schaut und in Selbstgerechtigkeit und geistlichem Hochmut von sich aus Anspruch auf das ewige Heil erhebt. Der Widersacher hatte bisher keinen Erfolg, die Seele des Sterbenden in Besitz zu nehmen – weder durch Abkehr vom Glauben, noch konnte er den Kranken zur völligen Verzweiflung und permanenten Ungeduld bringen. Jetzt versucht er es durch Verführung zur Selbstgefälligkeit.

»Du hast viel Gutes in deinem Leben bewirkt. Du bist nicht wie die anderen, die viel Schuld auf sich geladen haben. Vor allen anderen wirst du im Himmel einen erhabenen Platz einnehmen. Empfange also die Krone, die für dich bereitet ist; du hast sie verdient!« Der Sterbende nimmt eine Krone zur Hand, die ihm von zwei Teufeln gereicht wird. Zwei weitere Teufel mit Kronen warten darauf, ihm auch diese zu übergeben. Der Sterbende hat zurzeit keinen Blick für die Wahrheit, die hinter diesem vordergründigen Spektakel steht: Gottvater möchte dem Kranken erlöste Seelen offenbaren, die vor ihm in Form von betenden Kindern dargestellt sind. Ihm stehen Christus und Maria zur Seite. Die Teufel jedoch verdrängen mit ihrem illusionären Spiel die Gegenwart Gottes im Bewusstsein des Sterbenden. Gespannt warten sie darauf, ob er auf ihr krönendes Angebot eingeht.

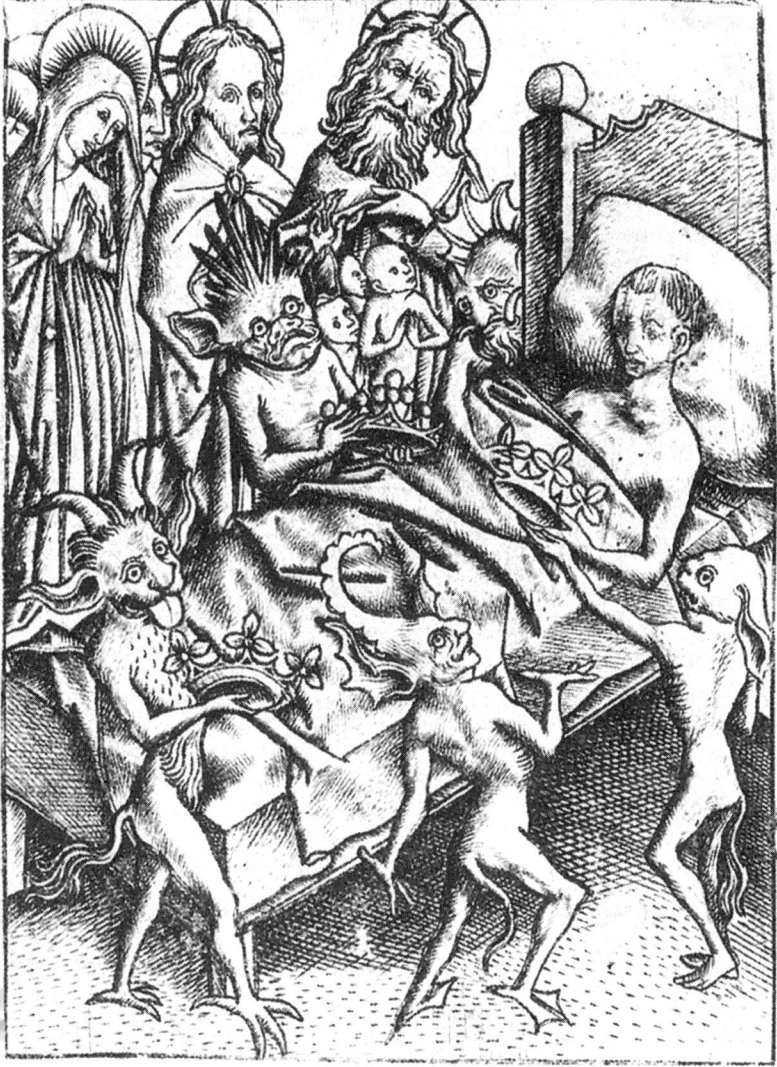

Der kranke Mensch soll dazu gebracht werden, dass er sich anmaßt, all das Gute, das Gott ihm geschenkt hat, als eigenen Verdienst zu betrachten. Diese Anfechtungen erleiden vor allem gläubige Menschen. So haben auch ganz besonders unter diesen Versuchungen Priester, Ordensmänner und Ordensfrauen zu leiden. Der Widersacher, der vom Engel zum Teufel geworden ist, möchte, dass der Mensch durch Stolz und Überheblichkeit ihm gleich wird. Wenn aber der Mensch sich immer wieder selbst rechtfertigt und sich etwas auf seine eigene Gerechtigkeit einbildet, wird er umso tiefer fallen. Das ist das Ziel der Teufel, die sich siegessicher sind und darauf hoffen, jetzt endlich zum Ziel zu gelangen.

Die Dämonen mit ihrem schrecklichen Aussehen haben die immerwährende Gegenwart Gottes für diesen Augenblick aus dem Bewusstsein des Sterbenden verdrängt und versuchen, ihn mit ihren hinterlistigen Tricks zu beherrschen. Sie möchten, dass der Kranke Wohlgefallen an sich selbst findet und ihn so zum geistigen Hochmut und zur geistlichen Überheblichkeit bewegen. »Wie stark bist du im Glauben, in der Hoffnung und in der Liebe! Wie standhaft erträgst du deine Krankheit! Das ist einfach bewundernswert. Du hast viel Gutes in deinem Leben getan. So kann dir in keinem Fall das Himmelreich versagt werden. Du darfst dich deiner selbst rühmen und stolz auf dich und deine Leistungen sein. Empfange daher die Siegeskrone, die für dich bereitet ist. Sie ist dein und du hast sie verdient!«

Durch diese einschmeichelnden Worte bemüht sich der Widersacher aufdringlich und von allen Seiten, den

Sterbenden zu geistigem Hochmut, zur Überheblichkeit und Selbstgefälligkeit zu verführen. Von diesen verlogenen Machenschaften ist der Kranke tatsächlich in seinem Inneren berührt. Er schaut auf die glänzende Krone, die er bereits in seinen Händen hält – gebannt und fasziniert. Zwei weitere Kronen, die ihm dargebracht werden, sollen dieses übersteigerte Selbstwertgefühl bei ihm noch verstärken. Doch gelingt es den Teufeln mit ihrer so glänzend inszenierten Verführung nicht, den Blick auf Gottvater, den Sohn Jesus Christus, auf Maria und auf die hinter ihr stehenden Heiligen zu verdecken. Unmittelbar zwischen zwei furchterregenden Dämonen steht in der oberen Mitte des Bildes Gottvater.

Mit liebevollem und versöhnendem Blick schaut er auf den Sterbenden, um ihn inmitten des Trugbildes die Liebeswirklichkeit Gottes erfahren zu lassen. Der barmherzige Vater hat seine rechte Hand zum Schutz und Segen ausgebreitet, während er mit der linken Hand seinen Mantelumhang hochhebt, um dem Kranken erlöste Seelen in Gestalt von betenden Kindern zu zeigen.

- *Aus dem Mund der Kinder und Säuglinge schaffst du dir Lob, deinen Gegnern zum Trotz; deine Feinde und Widersacher müssen verstummen* (Psalm 8,3).
- *Wie ein Vater sich seiner Kinder erbarmt, so erbarmt sich der Herr über alle, die ihn fürchten* (Psalm 103,13).
- *Denn er hat die Riegel deiner Tore festgemacht, die Kinder in deiner Mitte gesegnet* (Psalm 147,13).

Der Sterbende jedoch lässt sich immer noch durch die glänzenden Kronen faszinieren und ist somit nicht offen, den göttlichen Segen und damit Heil zu empfangen. Hier wird die Würde der Krone degradiert und zum Symbol der Überheblichkeit und des Stolzes. Die Kinder des Bösen verdrängen die wahre Gotteskindschaft, indem sie als törichtes Gezücht in der »Wohnung« des Kranken hausen. Wo Gottvater sichtbar wird, da steht neben ihm sein eingeborener Sohn Jesus Christus. Und der Meister E. S. geht bei einigen Kupferstichen noch einen Schritt weiter, indem er die Muttergottes – hier betend für den Sterbenden – Jesus Christus zur Seite stellt.

Diese Versuchung durch geistigen Hochmut und Stolz ist eine sehr gefährliche, weil der Mensch dadurch Wesenszüge des Dämonischen annimmt. Durch Stolz sind einige leuchtende Engel in die Finsternis abgestürzt und zu Handlangern des Bösen geworden. Übernimmt der Mensch diesen Stolz, begeht er Gotteslästerung, weil er sich anmaßt, das Gute, das er von Gott empfangen hat, sich selbst zuzuschreiben.

- Gregor der Große: »Wenn einer sich selbst erhöht durch Erinnerung an das Gute, das er getan hat, fällt er beim Urheber der Demut in Ungnade.«
- Aurelius Augustinus: »Wenn der Mensch sich selbst rechtfertigt und sich etwas auf seine eigene Gerechtigkeit einbildet, stürzt er nieder.«

Trost durch Demut

»Ars moriendi« (L. 182) des Meisters E. S.

Auf diesem Bild wenden sich gleich drei Engel dem Sterbenden zu. Sie wissen um die Gefahr der Überheblichkeit, des Hochmutes und des Stolzes. Der erste Engel hebt ein Blatt aus der Heiligen Schrift über den Kopf des Kranken und weist mit der rechten Hand auf die Wichtigkeit der Worte Jesu hin.

Im Hintergrund ist die Heilige Dreifaltigkeit zu sehen und an der Seite Jesu steht Maria, seine Mutter. Der mittlere Engel zeigt nach unten auf einen verschlingenden Höllenrachen. Die Schneidezähne dieses finster blickenden Untieres reißen den Kopf eines Menschen an sich. Feuerflammen umgeben eine Gestalt mit einer Mönchskappe oder Tonsur. Sie muss ihres Stolzes wegen im flammenden Rachen des Hades Buße tun. Eine weitere Person, die auf dem Rücken liegt, wehrt sich mit Händen und Füßen, den gleichen Weg zu gehen. Ein dämonisches Wesen verkriecht sich unter das Bett, ein anderes liegt entmachtet auf dem Boden, den Engeln zu Füßen.

Der dritte Heil bringende Engel am Fußende des Bettes stellt den Einsiedler und Abt Antonius den Großen vor, der in der Wüste Ägyptens viele Kämpfe mit den Dämonen zu bestehen hatte. Durch Demut und Selbsterniedrigung erteilte er den teuflischen Versuchungen eine Absage. In der rechten Hand trägt er auf einem Stab ein Kreuz in T-Form, das sogenannte Antoniuskreuz, und an seinem linken Daumen hängt die Bettlerglocke.

Der Kranke liegt ruhig und entspannt unter seiner Bettdecke und ist zutiefst bereit, nach der vierten Anfechtung die Weisungen der ihn umstehenden drei Engel anzunehmen.

- *Getrennt von mir könnt ihr nichts vollbringen* (Johannes 15,5).
- *Denn wer sich selbst erhöht, wird erniedrigt werden* (Matthäus 23,12).
- *Wenn ihr nicht umkehrt und wie die Kinder werdet, könnt ihr nicht in das Himmelreich kommen* (Matthäus 18,3).
- »Wenn du dich erniedrigst, wird Gott zu dir herniedersteigen, erhöhst du dich, so wird Gott von dir weichen« (Aurelius Augustinus).

»Wende deinen Sinn ab vom Stolz, der die Ursache aller Sünden ist. Durch Stolz wurde Luzifer, der einst der herrlichste unter den Engeln war, von den Höhen des Himmels in die tiefsten Tiefen der Unterwelt hinabgestürzt und zum hässlichsten aller Dämonen gemacht.« Bernhard von Clairvaux sagt: »Der Ursprung aller Sünde und die Ursache jeder Zurückweisung ist der Stolz … Beseitige dieses eine Laster, und ohne Mühe lassen sich alle anderen Laster ausrotten.«

Besonders am heiligen Antonius, dem Vorbild der Demut, soll sich der Sterbende ein Beispiel nehmen, denn der Teufel sagte zu ihm: »Antonius, du hast mich besiegt! Will ich dich nämlich erhöhen, erniedrigst du dich; will ich dich erniedrigen, erhöhst du dich!« Antonius (um 251–356) zog in die Wüste und lebte ein Leben der Entsagung. Immer wieder überfielen ihn die Dämonen, doch er bestand die unsagbaren Kämpfe mit ihnen. Viele Menschen, unter ihnen auch Asketen und

Geistliche, holten sich bei Antonius Rat. Auf diesem Kupferstich »Trost durch Demut« ist er links im Bild zu sehen – erkenntlich an der Bettlerglocke und dem Antoniuskreuz, das er in seiner rechten Hand trägt. Es wird auch ägyptisches Kreuz genannt. Da das Kreuz nicht ganz sichtbar ist, muss man es sich in Form eines T vorstellen (griechisch: Ταυ). Die kleine Glocke wurde beim Einsammeln von Gaben benutzt. Der Klingelbeutel, den es in vielen Kirchen gab und gibt, geht auf diese Bettlerglocke zurück.

Die Demut ist Gott in besonderer Weise gefällig. Da Maria sie in vollendeter Form besaß, hat Gott sie auserkoren, Mutter des Herrn zu werden. Darüber hinaus hat er sie über alle Chöre der Engel erhoben.

Der heilige Benedikt von Nursia (480–547) widmet das siebte Kapitel seiner Regel der Demut, die zu jener Liebe führt, die alle Furcht vertreibt. »Der Mensch achte stets auf die Gottesfurcht und hüte sich, Gott zu vergessen. Stets denke er an alles, was Gott geboten hat, und erwäge immer bei sich, wie das Feuer der Hölle der Sünden wegen jene brennt, die Gott verachten, und wie das ewige Leben jenen bereitet ist, die Gott fürchten« (Regel Benedikts 7,10–11).

- *Es gibt Wege, die den Menschen richtig erscheinen, die aber am Ende in die Tiefe der Hölle hinab führen* (Sprichwörter 16,25; RB 7,21).
- *Dein Herz sei stark und halte den Herrn aus* (Psalm 27,14; RB 7,37).
- *Eröffne dem Herrn deinen Weg und vertrau auf ihn* (Psalm 37,5; RB 7,45).
- *Mein Vergehen tat ich dir kund, und meine Ungerechtigkeit habe ich dir nicht verborgen* (Psalm 32,5 a; RB 7,47).

Ich sagte: Ich will dem Herrn meine Fehler bekennen. Und du hast mir die Schuld vergeben (Psalm 32,5 b).
- *Dann bin ich makellos vor ihm, wenn ich mich vor meiner Bosheit in Acht nehme* (Psalm 18,24; RB 7,18).

Versuchung durch irdische Güter

»Ars moriendi« (L. 183) des Meisters E. S.

Drei Dämonen drängen sich dem Sterbenden auf, um in dieser letzten entscheidenden Phase des Lebens seine Seele vom Glauben abzulenken und in ihren Besitz zu bringen. Ihre Aufdringlichkeit lässt den Kranken erschreckt und verängstigt aufblicken. Zwei Teufel zeigen auf die irdischen Güter des Sterbenden: ein vornehmes Haus, in dessen Keller Wein- und Ölfässer lagern, und einen Stall, in den ein Knecht ein prächtiges Pferd führt. Der gehörnte Teufel am Kopfende des Bettes zeigt auf die Angehörigen und Freunde, die der Kranke im Sterben nicht loslassen kann und nach dem Wunsch der Dämonen auch nicht loslassen soll. Unter ihnen ist auch ein Kind.

Der Sterbende soll sich seinen materiellen Reichtum vorstellen und sich weiter mit zeitlichen Angelegenheiten beschäftigen. Die hämisch grinsenden Dämonen flüstern ihm ein, dass er vor allem seine Familie nicht verlassen darf. Er soll sich gerade jetzt noch stärker an sie binden, damit der Schmerz des Abschieds alle Beteiligten zutiefst erschüttert und Gott infrage gestellt wird. In dieser und ähnlicher Weise appellieren die Dämonen an das Nicht-loslassen-Können, das mit Angst und Besitzanspruch verbunden ist. Sie machen einen letzten Versuch, das Herz des Sterbenden an Vergängliches zu binden und ihn von der Liebe zu Gott und vom ewigen Heil der Seele abzubringen. Sich in dieser Stunde mit äußeren Dingen zu beschäftigen, ist gefährlich.

In der fünften und letzten Versuchung drängen sich noch einmal die Dämonen mit aller Kraft dem Sterbenden auf. Sie rücken ihm so nahe, dass er nicht anders kann, als sie in den Blick zu nehmen. In unverschämter Weise berühren sie sogar das Bettzeug des Kranken. Die kostbare Zeit, die der Bereitung auf den Tod dienen sollte, wird dem Sterbenden geraubt, indem die widergöttlichen Kräfte einerseits versuchen, ihn an weltliche und vergängliche Dinge zu binden, und andererseits alles tun, dass ein Abschied von der eigenen Familie nicht stattfinden kann.

»Du kannst doch nicht dieses Leben und all das, was du mit Sorgfalt und Mühe aufgebaut hast, einfach verlassen! Du hast all das, was in dieser Welt begehrenswert ist, geschaffen. Soll es denn jetzt für dich nicht mehr wichtig sein, wo du allem materiellen Reichtum und anderen zeitlichen Gütern einen so hohen Wert beigemessen hast? Du hast dich ja immer gern mit äußerlichen Angelegenheiten beschäftigt, ebenso waren weltlich gesinnte Menschen deine Freunde. Sollten sie auf einmal für dich nicht mehr wichtig sein? Schau auf deine Frau, deine Kinder, deine Verwandten und deine Freunde, die nicht ohne dich sein können; sie brauchen dich nach wie vor. Ist es denn nicht für dich eine große Freude, alles selbst wieder in die Hand zu nehmen und an der Familiengemeinschaft wieder teilnehmen zu dürfen?«

So etwas und Ähnliches führt der Teufel dem Menschen in seinen letzten Stunden vor Augen, damit er an allem, sowohl den Menschen als auch an den Gütern, festhält. Mit aufdringlicher Gewalt versucht der Widersacher die liebende Gegenwart Gottes, seines Sohnes, der Gottesmutter, der Heiligen und der Engel zu verdrängen, um im Sterbenden Besitzanspruch, Habsucht und Geiz zu erzeugen. Der Böse will durch Liebe und Gier nach dem Irdischen die wahre Liebe zu Gott, zu seiner Gnade und zu seinem Heil zerstören.

Der gehörnte Teufel führt dem Kranken seine Familie vor in der Absicht, sich fest an sie zu binden: an seine Frau, seine Kinder und seine weiteren Verwandten. Sie sollen genau an der Stelle stehen, die sonst Gottvater, sein Sohn und Maria einnehmen. Der Meister E. S. hat der Familie daher den höchst denkbaren Raum gegeben, den an sich das Göttliche einnehmen soll und muss. Die mittlere der drei Frauen, die in einer geschlossenen Reihe stehen, macht den Sterbenden auf ein kleines Kind aufmerksam, und stellt damit eine schmerzhafte Verbindung her, die eine unendliche Schwere herbeiführt.

Die anderen beiden Teufel verweisen auf das Hab und Gut des Kranken, ein vornehmes Wohnhaus, in dessen Untergeschoss Öl- und Weinfässer lagern, und einen Stall, in den ein Knecht ein prächtiges Pferd führt. Beim genauen Betrachten dieses Mannes jedoch stellt man fest, dass er aus der Tür heraustritt anstatt hineinzugehen. So kann man in ihm eventuell auch einen Dieb sehen, der dieses Pferd stiehlt. Vielleicht will der Meister E. S. damit sagen, wie vergänglich irdischer Besitz ist. Eine übersteigerte Liebe zum Irdischen trennt von Gott, weil sie mehr und mehr die Liebe zu Gott ausschließt. In diesem Sinn sagt Gregor der Große: »So sehr wird einer von der höchsten Liebe getrennt, als er sich hienieden an den Geschöpfen erfreut.«

Der Sterbebegleiter sollte wissen, dass zwar die Familienangehörigen und Freunde in dieser letzten Phase gebührend Abschied nehmen sollen, dass die Erbangelegenheiten geregelt sein müssen, der Sterbende jedoch bereit sein sollte, sowohl seinen Besitz als auch die menschlichen Bindungen loszulassen, um seine Seele Gott zu übergeben. *Darum kann keiner von euch mein Jünger sein, wenn er nicht auf seinen ganzen Besitz verzichtet* (Lukas 14,33).

Trost durch Abwenden vom Irdischen

»Ars moriendi« (L. 184) des Meisters E. S.

Unten rechts hockt der besiegte Dämon – klein, mit Pferdefüßen und erschrecktem Gesichtsausdruck dargestellt. Der Engel und über ihm das Kreuz mit dem sterbenden Christus, der auf den Kranken herabblickt, bilden die Mitte des Bildes. Der erhöhte Christus, der den Tod durch seinen Tod für immer besiegt hat, spricht die Botschaft des Engels aus. Rechts unter dem Kreuz steht Maria. Sie möchte Fürbitterin sein, wenn wir uns flehend an sie wenden: »Bitte für uns Sünder, jetzt und in der Stunde unseres Todes.«

Links unter dem Kreuz sind drei Schafe mit einem Hirten dargestellt, der einen Stab trägt. Mit der linken Hand weist der Engel auf den Hirten. Es ist Christus, der seine Herde zu den Futterplätzen führt und sie vor wilden Tieren beschützt. Wie der Hirte sich um die verlorenen Schafe sorgt, so ist auch der Menschensohn gekommen, um zu retten, was verloren war. Wie beim ersten Bild der Teufel durch das Bettlaken die Sicht auf Gottvater, Christus und Maria verdeckt, so spannt hier der zweite Engel ein Tuch über einen Mann und eine Frau, die sich in einem angeregten Gespräch befinden. Damit nimmt er dem Sterbenden die Sicht auf störende »Freunde«, die sich nicht mit dem Kranken beschäftigen, sondern eigene Angelegenheiten diskutieren. Durch nichts darf jetzt der Sterbende mehr abgelenkt werden von Jesus Christus, dem Retter und Heiland.

Der vor dem Sterbenden stehende Engel bildet in der Aufrechten eine Linie mit dem Kreuz, das jegliches Geschehen auf diesem Kupferstich überragt. Die Gestik der rechten Hand und des rechten Zeigefingers des Engels verstärken noch einmal diese enge Verbindung zum Kreuz. Gegen die letzte Versuchung des Teufels gibt der Engel die folgende gute Eingebung: »Wende dich ab von den unheilvollen Einflüsterungen des Teufels, durch die er dich zu vergiften versucht. Die Erinnerung an Irdisches hält dich auf dem Weg auf, den du jetzt beschreiten darfst. Schau auf Christus, der auf alles verzichtet hat und arm und nackt gestorben ist, um dir die Tür zum Vater wieder zu öffnen. Er sagt dir:

- *Selig, die arm sind vor Gott, denn ihnen gehört das Himmelreich* (Matthäus 5,3).
- *Darum kann keiner von euch mein Jünger sein, wenn er nicht auf seinen ganzen Besitz verzichtet* (Lukas 14,33).
- *Wenn jemand zu mir kommt und nicht Vater und Mutter, Frau und Kinder, Brüder und Schwestern, ja sogar sein Leben gering achtet, dann kann er nicht mein Jünger sein* (Lukas 14,26).
- *Jeder, der um des Reiches Gottes willen Haus oder Frau, Brüder, Eltern oder Kinder verlassen hat, wird dafür schon in dieser Zeit das Vielfache erhalten und in der kommenden Welt das ewige Leben*« (Lukas 18,29–30).

Der Engel führt dem Sterbenden auch die Armut Christi vor Augen, seine Entblößung am Kreuz und die damit verbundene vorübergehende Verlassenheit: »Das Kreuz Christi ist über dir errichtet, weil der Herr auch um deines Heiles willen gestorben ist. Denke daran, wie der Herr seine geliebteste Mutter und seine Jünger verlassen musste, um allein den Weg über den Tod am Kreuz in die Auferstehung zu gehen, in die er auch dich hineingenommen hat. Wenn du bereit bist, das Zeitliche dem Ewigen zu opfern, wirst du in deinem Herzen das Wort des Herrn spüren: *Kommt her, die ihr von meinem Vater gesegnet seid, nehmt das Reich in Besitz, das seit der Erschaffung der Welt für euch bestimmt ist* (Matthäus 25,34).

Präge dir dieses Wort Jesu ein und versuche, alles Vergängliche von dir fernzuhalten. Vertraue dich dem Herrn an und übergib ihm alles – vornehmlich dein Herz und deine Seele. In dieser Armut vor Gott darfst du alles von ihm erwarten. Denn aufgrund seines Versprechens hat auch dir der Herr sein Himmelreich zugesagt: *Selig, die arm sind vor Gott; denn ihnen gehört das Himmelreich* (Matthäus 5,3). Präge dir auch diese Botschaft zutiefst ein.«

Unter dem Kreuz ist Jesus noch einmal dargestellt als der Gute Hirte: *Ich bin der Gute Hirt. Der Gute Hirt gibt sein Leben hin für die Schafe* (Johannes 10,11). Der Herr ruft die Schafe einzeln bei ihrem Namen und führt sie an, indem er ihnen vorausgeht. Die Schafe folgen ihm, denn sie kennen seine Stimme. Wie der Meister E. S. vor dem Guten Hirten die Schafe darstellt, so lässt er hinter dem Guten Hirten die Seelen der Menschen erkennen, die dem Herrn folgen.

Der zweite Engel schließt endgültig alle Versuchungen aus, indem er ein Tuch hinter einen Mann und eine Frau hält, sodass der Sterbende sie nicht sehen kann. Er hat sich jetzt ganz vom Irdischen abgewandt. Wie auf dem ersten Kupferstich der Teufel das Bettlaken hebt, um die Sicht auf das Göttliche zu versperren, so agiert hier der Engel auf umgekehrte Weise. Er möchte nicht, dass Menschen, die sich vielleicht um das Erbe des Sterbenden streiten und damit die geheiligte Atmosphäre stören, wahrgenommen werden.

Der Dämon zu Füßen des mittleren Engels wirkt ängstlich und kraftlos. Er ist besiegt durch das Geheimnis des Glaubens, den Tod und die Auferstehung Jesu Christi.

Erlösung der Seele

»Ars moriendi« (L. 185) des Meisters E. S.

Ein letztes, elftes Bild wird vom Meister E. S. den fünf Anfechtungen und den fünf Einsprechungen der Engel hinzugefügt. Es zeigt den guten Ausgang im Augenblick des Todes: die Erlösung der Seele. Der Sterbende hat endgültig seine Entscheidung für Jesus Christus, den Heiland und Retter der Welt, getroffen. Eine Frau – es könnte eine Ordensfrau sein – gibt dem Kranken die Sterbekerze in die Hand. Die Augen des Sterbenden sind geschlossen. Bei seinem letzten Atemzug entweicht die als kleine menschliche Gestalt dargestellte Seele aus dem Körper (Mund) des soeben Verstorbenen und wird von einem Engel, der von drei weiteren Engeln begleitet wird, liebevoll in Empfang genommen. Ihre Aufgabe ist es, die Seele in den Himmel zu tragen.

Jesus blickt voll Erbarmen auf dieses Erlösungsgeschehen. Unter dem Kreuz stehen Maria, die Mutter Jesu, hinter ihr Maria Magdalena mit dem Salbgefäß und eine Schar von Jüngern. Ihnen gegenüber betet Johannes, der Lieblingsjünger Jesu, für das Heil der Seele des gerade Verstorbenen. Die Widersacher waren mit ihren Anfechtungen und Versuchungen erfolglos, weil der Mensch sich gegen sie und für Gott entschieden hat. Sie haben den erbitterten Kampf um eine Menschenseele endgültig verloren und müssen aufgeben. Man sieht im Vordergrund des Bildes, wie sie sich aufbäumen, um dann rasend vor Wut die Flucht zu ergreifen. Die Seele des Toten ist für immer gerettet.

Der dem Tod Geweihte hat sich nach hartem Ringen für Jesus Christus entschieden und ist bereit, ihm nachzufolgen. Jetzt kann er in Gelassenheit sterben. Ist er noch ansprechbar und kann selbst noch sprechen, möge er im Gebet den Herrn anrufen und um sein Erbarmen bitten, dass der Herr ihn in sein himmlisches Reich aufnimmt. Dann rufe er die glorreiche Jungfrau Maria als seine Mittlerin an und bete das »Ave Maria«. Wenn er es vermag, bete er auch zu den Engeln und in besonderer Weise zu seinem Schutzengel, der ihn bisher so wunderbar geleitet hat. Auch zu dem Heiligen, der der Namenspatron des Sterbenden ist, sollte er beten; ebenso zu den Heiligen, die er besonders in seinem Leben verehrte und zu denen er ein großes Vertrauen hat.

Sollte der Kranke jedoch nicht mehr in der Lage sein, selbst zu beten, muss der Sterbebegleiter diese Aufgabe für ihn übernehmen. Das Kreuz Christi ist so aufgestellt, dass der Sterbende es im Blick hat. Wenn er zu Maria, der Mutter Gottes, während seines Lebens eine gute Beziehung hatte, dann ist es gut, auch ihr Bild aufzustellen.

Nach Cassiodor (um 485–580), dem christlichen Schriftsteller und Klostergründer, besitzt der folgende Psalmenvers eine derartige Kraft, dass dem Sterbenden alle Sünden nachgelassen werden, wenn er ihn in der Phase des Todes dreimal hintereinander mit aufrichtigem Bekenntnis betet: *Du, Herr, hast meine Fesseln gelöst. Ich will dir ein Opfer des Dankes bringen und anrufen den Namen des Herrn* (Psalm 116,16–7). Auch die folgenden drei Gebete sind besonders wichtig und wirkungsvoll:
- »Der Friede unseres Herrn Jesus Christus und die Kraft seines Leidens, das Zeichen des heiligen Kreu-

zes und die Unversehrtheit der allerseligsten Jungfrau Maria, der Segen aller Heiligen, der Schutz der Engel und die Fürbitte aller Seligen und Heiligen, seien in dieser Stunde meines Todes zwischen mir und meinen Feinden, den sichtbaren und den unsichtbaren« (Aurelius Augustinus).
- *In deine Hände lege ich voll Vertrauen meinen Geist; du hast mich erlöst, Herr, du treuer Gott* (Psalm 31,6).
- Und zuletzt spreche er: *Vater, in deine Hände lege ich meinen Geist* (Lukas 23,46).

Unter dem Kreuz stehen Maria, die Mutter Jesu, Maria Magdalena und hinter ihr eine große Schar von Heiligen und auf der linken Seite Johannes, der Lieblingsjünger Jesu, der betend seine Hände faltet. Vom Kreuz aus schaut Jesus den Sterbenden liebevoll an. Eine Sterbebegleiterin, sie könnte eine Ordensfrau sein, reicht ihm die brennende Sterbekerze, ruft den Sterbenden mehrmals mit seinem Vornamen an und sagt: »Empfange das Licht, es ist Christus, der dich erleuchtet. Hab Mut, du hast die Dunkelheit überwunden, wende dich dem Licht zu und folge ihm. Christus hat dich dem ewigen Tod entrissen und nimmt jetzt deine Seele auf in den Himmel.«

Die Augen des Sterbenden sind geschlossen; sein Sehen und Hören vergehen. Nachdem er den letzten Atemzug getan und ausgehaucht hat, befreit sich die Seele vom Körper des Verstorbenen. In Anlehnung an frühe Ikonen, die die Entschlafung Marias zeigen, stellt Meister E. S. die Seele des gerade Verstorbenen als kleinen Menschen dar. Ein Engel – wahrscheinlich ist es ein Erzengel – nimmt die Seele, die aus dem Mund des Toten entwichen ist, in Empfang. Drei weitere Engel schauen staunend diesem Geschehen zu – bereit, zu helfen, die Seele in den Himmel zu geleiten. Das erlösende lichtvolle Geschehen der Errettung einer Seele, die Gegenwart Jesu Christi und die Schar seiner Engel und Erlösten, machen die Dämonen rasend vor Wut über den verlorenen Kampf um eine Menschenseele.

Schlussbetrachtung

Für einen Kranken, der in dieser Welt keine Aussicht mehr auf Leben hat, ist es schwer, allein zu sterben. Er sollte sich daher beizeiten an einen ihm vertrauten, lieben und Gott nahen Menschen wenden, der ihn in der Annahme und Bewältigung seines Todes begleitet. Die eigenen Angehörigen haben oft nicht die Ruhe dazu und sind hilflos, da sie eventuell durch die lange Pflege überfordert sind und ihnen in den meisten Fällen die Erfahrung des Sterbebegleitens fehlt.

Der erfahrene und gläubige Sterbebegleiter wird dem Kranken treu beistehen und ihm viel Zeit schenken, wenn dieser beginnt, mit seinem Schicksal zu hadern und sich gegen den Tod aufzulehnen. Wie der Engel in der Bildserie »Ars moriendi« des Meisters E. S. wird der Begleiter versuchen, dem Sterbenden die Todesangst zu nehmen oder gar mit ihm gemeinsam den Weg durch die dunkle Nacht zu gehen. Wie der Engel wird er dem Kranken gut zusprechen und ihm Mut geben, im Glauben standhaft zu bleiben – geduldig, zuversichtlich und beharrlich. Er sollte wissen, dass aus jeder Anfechtung, die dunkle Bereiche des gesamten Lebens gebündelt vor Augen führt, immer wieder Trost und maßlose Hoffnung auf ewiges Leben erwachsen.

So wird der Sterbebegleiter selbst zu dem hilfreichen Engel, der nach jeder Anfechtung durch die widergöttlichen Kräfte an das Bett des Sterbenden tritt und den Kranken seelisch wieder aufrichtet. Ohne die Mitwirkung von Engeln ist die Erlösungs- und Heilsgeschichte nicht vorstellbar. Sie haben die Vollmacht, das Gute und Erlösende zuzulassen und das Dunkle und Unwürdige zurückzuweisen. Engel sind Träger und Vermittler des göttlichen Wortes; sie haben den Auftrag, auf all unseren Wegen, besonders aber auf dem letzten, uns zu behüten und zu führen, uns in der Todesstunde beizustehen, dem Bösen zu wehren und die Seele in den Himmel zu tragen.

Zweiter Teil

Persönliche Erfahrungen und religiöse Gedanken zum Loslassen

Der schmerzhafte Weg meines Grossvaters

Meine Großeltern in Melle, die Eltern meiner Mutter, waren mir außer meinen Eltern die liebsten Menschen auf der Welt. Sie nahmen mich 1943, als meine Heimatstadt Rheine stark bombardiert wurde und Mutter in Bernburg beim Roten Kreuz arbeitete, so selbstverständlich auf, als ob ich ihr eigenes Kind wäre. Ich war fünf Jahre alt. Die einfachen und bescheidenen Verhältnisse, in denen wir lebten, gingen völlig in ihrer Liebe zu mir unter. Ich vermisste nichts – rein gar nichts. Im Schrank des kleinen Wohnzimmers, in dem sich das gute Geschirr präsentierte, stand auch eine Spieluhr. Wenn Omi den Deckel öffnete – und das tat sie manchmal mir zur Freude – erhob sich eine spanische Tänzerin, die sich zur Melodie des Liedes »La Paloma« so lange drehte, bis die Antriebsfeder an Spannung verlor. Der Abgesang war ein kläglicher … Immer wenn ich »La Paloma« höre, ergreift mich Erinnerung und Sehnsucht zugleich: Erinnerung an Melle und die Liebe, die mich dort umgab, und eine Sehnsucht, die sich wie die weiße Taube in die Lüfte erhebt und sich in grenzenloser Freiheit verliert …

Von dem tragischen Schicksal meines Großvaters bekam ich nicht allzu viel mit, denn Omi verstand es in ihrer unendlichen Menschenliebe, dieses so gut wie möglich von mir fernzuhalten. Wenn er von seiner Arbeit bei der Firma Assmann in Westerhausen bei Melle – die Firma stellte hochwertige Büromöbel her – mit dem Fahrrad zurückkam, war er sehr erschöpft und redete nicht viel. Omi versorgte ihn, und ich wurde derweil abgelenkt. Ich nahm immer einen seltsamen Geruch wahr, der aber dann plötzlich verschwand. Das, was so schmerzhaft ablief, sah ich nie.

Später erzählte Mutter mir von dem traurigen Schicksal ihres Vaters. Opa musste wegen einer schweren Krankheit – er hatte Darmkrebs – seine eigene Tischlerwerkstatt aufgeben. Er wurde in Ostercappeln bei Osnabrück operiert und bekam seitlich einen künstlichen Ausgang, der auch »Anus praeter« (AP) genannt wird. Es ist eine chirurgisch herbeigeführte Öffnung eines Darmteils durch die Bauchwand, durch die die Ausscheidung abgeführt wird. Diese Operation, der sich Opa unterziehen musste, heißt Enterostomie. Nach vollständiger Entfernung des Dickdarms wurde also durch eine künstliche Öffnung der gesunde Restdarm nach außen geführt. Der »Anus praeter« wurde auf Dauer angelegt, denn er konnte nicht zurückgeführt werden. Da Opa den Stuhlabgang nicht mehr kontrollieren konnte, wurde über dem künstlichen Ausgang eine Blechschale angelegt, die mit Zellstoff ausgefüllt und umgeben war. Die Schale oder Pelotte wurde mit Stahlfedern und einem Ledergürtel fest an den Leib gepresst.

Opa benötigte bei jedem Wechsel der Schale Hilfe, die Omi über Jahre in unermüdlicher Weise zwei bis dreimal am Tag leistete. Wenn Opa abends von Assmanns wiederkam, ließ sie alles stehen und liegen, sorgte bei mir schnell für eine ablenkende Tätigkeit und widmete sich sofort ihrem Mann. Die Wohnung meiner Großeltern verfügte über kein Badezimmer; die Toilette ohne Spülvorrichtung und Waschbecken war unten im Erdgeschoss – ungeheizt. So musste alles in unserer Wohnung geschehen. Die benutzten Zellstoffeinlagen warf Omi im Winter in den großen Ofen, auf dem »Wotan« stand, oder im Sommer in den großen Herd, der auch unter der Woche abends brannte, da sie uns gerade abends, wenn Opa zurückkam, ein warmes Essen bereitete.

Von alldem, was morgens geschah, bevor Opa aus dem Haus ging, und abends, als er wiederkam, habe ich kaum etwas mitbekommen. Und ich erinnere mich, dass ich in keiner Weise neugierig war. Alles war selbstverständlich. Morgens, sehr früh – ich schlief im Schlafzimmer meiner Großeltern, in dem ein drittes Bett stand – bekam ich von all der Sorge und Fürsorge überhaupt nichts mit, da der Schlaf mich noch in anderen Welten sein ließ. Es war so, und als Kind nahm ich all das als selbstverständlich hin, weil es so war. Die Güte und Hilfsbereitschaft meiner Großeltern hüllte alles in Liebe ein.

In dieser Zeit lernte ich auch, bewusst und eigenständig zu beten. Als ich noch in Rheine war, betete Mutter viel im Luftschutzkeller unseres Hauses – oft abwechselnd mit Nachbarn, die bei uns manchmal bei plötzlichem Alarm Schutz suchten. Wenn mich nicht gerade die Angst packte, die für mich damals stärker war als alles Beten, schlief ich meist wieder ein, wenn ich Mutters ruhige und liebe Stimme beten hörte. Bei Omi in Melle jedoch lernte ich selbst zu beten – bei Tisch und vor allem abends vor dem Zubettgehen. Sie lehrte mich auch das Vaterunser auswendig zu beten, ebenso das Gebet von den »Vierzehn Englein« und andere Kindergebete, die mir noch heute ganz präsent sind.

Abends hatte ich Mühe, wenn nicht gar Angst, einzuschlafen. Unser Schlafzimmer grenzte direkt an die kleine gemütliche Stube, in der meine Großeltern abends lange zusammensaßen, die Zeitung lasen oder ein Buch, sich Tagesereignisse erzählten oder gar einen verbotenen Auslandssender hörten, denn es war immerhin noch Krieg, vor dem wir in Melle jedoch einigermaßen verschont blieben. Die Tür musste einen Spalt offen stehen, sodass etwas Licht und Wärme ins Schlafzimmer kamen, denn dort gab es keinen Ofen, und im Winter waren die Fenster voller Eisblumen. Die für mich immer leiser werdenden Stimmen meiner Großeltern brachten mich langsam in den Schlaf.

Die Fußböden der Wohnung bestanden aus einem Linoleumbelag, der noch Reste eines Teppichmusters aufwies – so gut hatte Omi die Böden im Laufe der Jahrzehnte gebohnert. Ihr Vater hatte früher in diesen Räumen und dem dazugehörenden Erdgeschoss eine »Korkstopfen-Fabrik mit Maschinenbetrieb«. Diese »Eickmeyer'sche Fabrik« muss der Familie viel Geld eingebracht haben. Da ihr Vater jedoch auf großem Fuß lebte und viele Geschwister da waren, die erben wollten, blieb Omi, die von Natur aus immer sehr bescheiden war – und da sie ja auch »nur« einen Handwerker heiratete – das Wohnrecht für die oberen Räume der Kork-Fabrik. Zur Hochzeit seiner Tochter hatte er sie zu Wohnräumen umfunktionieren lassen. Und jetzt gab uns dieser Hinterhofanbau, der nur über eine schmale Gasse zwischen den Häusern oder durch den langen Hausflur zu erreichen war, Sicherheit vor dem tobenden Zweiten Weltkrieg.

Nach zwei Jahren wohnte ich wieder bei meinen Eltern in Rheine. Der Krieg war vorüber und in der Wiederholung von vielem gewann ich mehr und mehr Sicherheit. Die Jahreszeiten kamen und gingen, ebenso das Kirchenjahr mit seinen Höhepunkten Weihnachten, Ostern und Pfingsten. Die vielen Erschütterungen, die der Krieg mit sich brachte, blieben aus und es entstand allmählich ein Gefühl, das man »Heimat« nennen kann. In diesem Jahr 1947 geschah es, dass Mutters Vater in Melle schwer erkrankte, weil der Darmkrebs durch die Operation nicht vollends hatte beseitigt werden können. Mutter fuhr des Öfteren sowohl mit der Bahn, die regelmäßig wieder verkehrte, oder zusammen mit Vater im Auto nach Melle, um ihn und Omi zu besuchen. Wenn sie zurückkam, erzählte sie nur sehr wenig von ihrem Vater, denn sie war überaus traurig. Aber immer brachte sie einige Gläser eingemachtes Obst und besonders für mich getrocknete Pflaumen, Birnen und Apfelringe mit. Zwei- oder dreimal durfte ich mit dem Auto mitfahren, musste jedoch bei Omi bleiben, während meine Eltern Opa besuchten. Er war inzwischen ins St. Matthäus-Krankenhaus am Engelgarten eingeliefert worden, das der katholischen Kirchengemeinde gehörte, und das damals schon einen hervorragenden Ruf hatte. Opa muss es so schlecht gegangen sein und er muss entsetzliche Schmerzen gehabt haben, dass der Besuch seines Enkelkindes nicht möglich war.

Mutter wusste, welch große Angst ich seit dem Krieg vor dem Tod hatte. Während des Krieges nahm sie mich oftmals mit ins Mathias-Spital in Rheine, wo sie Besuchs- und Pflegedienste wie auch die Betreuung schwer kranker Soldaten und Sterbender übernommen hatte. Eher durch Zufall habe ich einen sterbenden Menschen gesehen, aber einem Verstorbenen war ich bisher noch nicht begegnet. In meiner kindlichen Vorstellung kam immer große Angst auf, wenn ich daran dachte, dass dieser oder jener Mensch einmal nicht mehr leben würde, sondern tot sei.

Eines Tages sagte Mutter zu mir – wahrscheinlich, um mich auf den endgültigen Abschied vorzubereiten –, dass Opa Tag und Nacht nach ihr rufen würde und sie jetzt so lange bei ihrem Vater bliebe, bis er tiefen Frieden gefunden habe. Ihre Worte waren damals so eindringlich für mich, dass ich sie niemals vergessen werde. Mutter hatte noch zwei Schwestern, doch sie, Lotti, war die Lieblingstochter ihres Vaters, der Schreiner war. Nach Tagen kam Mutter tief traurig aus Melle zurück. Sie musste Vater erzählen, was alles geschehen war, und auch mir, weil sie mich auf den ersten Tod in unserer engeren Familie vorbereiten und mir die Angst nehmen wollte.

»Lotti soll kommen! Wo ist Lotti? Sie soll kommen und den Hobel mitbringen.« Selbstverständlich war sie die letzten Tage und Nächte bei ihm, doch Opa rief in ihrem Beisein immer wieder: »Lotti soll kommen, die Tür geht nicht auf! Ich bekomme die Tür allein nicht auf! Lotti soll etwas von der Tür abhobeln, damit sie aufgeht! Lotti kann das, und sie soll kommen!« Opa wusste, dass er durch diese Tür und gerade durch diese Tür, die er selbst nicht öffnen konnte, gehen musste. Es müssen unheimliche Kräfte gewesen sein, die ihn zurückgehalten und an diese Welt gefesselt haben. Zwischendurch trat tiefe Ruhe ein, und er schlief ein wenig, bis der Kampf von Neuem begann. Mutter hielt

Opas Hand, streichelte sie und sagte immer wieder: »Ich bin ja da! Lotti ist da und hat den Hobel mitgebracht. Ich habe etwas von der Tür abgehobelt und sie geht jetzt auf. Vater, Wilhelm, hab keine Angst, du hast die Kraft, aufzustehen. Gehe zur Tür und öffne sie. Die Tür, durch die du gehen musst, geht jetzt ganz leicht auf.«

Sie wusste, dass Opa durch diese Tür aus unserer Welt in die kommende Welt gehen musste, und sie erfuhr das Hobeln und Gangbarmachen der Tür als Gebet und Sterbebegleitung. Es war eine harte und schwere Arbeit, die Opa leisten musste, denn er wurde immer wieder von bindenden Kräften in dieser Welt auf- und zurückgehalten. Auf der anderen Seite wollte seine Seele gehen und war bereit, im Loslassen ganz in Gott einzutauchen. So wie sein Leben aus harter Arbeit bestand, so war auch sein Sterben, das geleistet werden musste. An seinem letzten Abend atmete Opa auf einmal ganz ruhig, seine Gesichtszüge entspannten sich und es schien, als habe er keine Schmerzen mehr. Er öffnete seine Augen und schaute Mutter liebevoll an. Er sagte nichts. Dann schloss er seine Augen wieder und lehnte sich zurück. Es war, als ob er sich bedanken und von ihr verabschieden wollte.

In der Nacht blieb sie bei ihm und betete leise für ihn und seine Seele, dass sich doch endlich die Tür öffnen möge. Vor ihrem inneren Auge sah sie ihn aufstehen. Er trug seinen schwarzen Anzug, den er sich eigens für Festtage vorbehalten hatte. Langsam und aufrecht ging er durch den Raum zu jener Tür, die für ihn so lange verschlossen war. Eine heilige und tiefe Stille umgab ihn und sie hörte weder das Gehen seiner Füße noch seinen Atem. Dann öffnete Opa ganz leicht und wie selbstverständlich die Tür, schaute sie noch einmal freundlich an, um dann die Tür für immer hinter sich zu schließen.

An dem darauffolgenden Sonnabend, ganz in der Frühe – noch weit, bevor ich zur Schule gehen musste –, weckten mich meine Eltern wie besprochen und baten mich, auf meine vierjährige Schwester aufzupassen, bis Mia, die im Haushalt half, um sieben Uhr kommen würde. Es war der Tag, an dem Opa in Melle beerdigt werden sollte. Ich kroch in Mutters Bett – in Vaters Bett hätte ich nicht gewagt zu gehen – und beobachtete, wie sich meine Eltern anzogen. Das Schwarz an diesem frühen Morgen bei schwacher Schlafzimmerbeleuchtung, das mit jedem neuen Kleidungsstück noch schwärzer wurde, wirkte beängstigend und fremd. Und als Mutter ihre schönen blonden Haare mit einer schwarzen Kappe und ihr Gesicht mit einem Schleier bedeckte, wurde sie für mich zu einer fremden Frau. Als sie sich von mir verabschiedete und mir einen Kuss gab, hatte sie zum Glück den Schleier wieder abgenommen. Vater drängte – und das tat er sein Leben lang, denn er konnte nicht warten.

Mutter ging auch nach der Beerdigung ihres Vaters mit mir und dem erlittenen Abschied sehr behutsam und feinfühlig um. Ich war zehn Jahre alt, ahnte aber nicht, welche Not und Sorge vor dem Tod mir sieben Jahre später von Vaters Seite widerfahren würde.

Meine erste Begegnung mit dem Tod

Mein Urgroßvater väterlicherseits, der in Haren an der Ems geboren wurde und auch seine familiären Wurzeln dort hatte – seine Vorfahren waren Notare und Vögte in Haren –, zog schon in jungen Jahren ein Stück weiter emsaufwärts, um in Rheine als Blaufärber ansässig zu werden. Er gründete »Auf dem Thie«, ein Textilgeschäft, das gleichzeitig als Bank diente. Da viele Bauern großes Vertrauen zu meinem Urgroßvater hatten, brachten sie ihr Geld zu ihm und legten es gut verzinslich an. Das durch das Textil- und das Finanzgeschäft verdiente Geld investierte mein Urgroßvater nicht nur in seine Familie und deren Ausbildung, nicht nur in Ländereien, die er erwarb, sondern er beteiligte sich auch an der Gründung des Mathias-Spitals.

Das neue Krankenhaus für Rheine sollte an der Herrenschreiberstraße neben der 1685 erbauten »Bönekerskapelle« entstehen. Sie wurde nach dem Vikar Bernhard Böneker benannt, der sich gegen Ende des 17. Jahrhunderts große Verdienste erworben hatte. An dieser Stelle befand sich bereits das mittelalterliche »Neue Hospital zum Heiligen Geist«, eine städtische Armen- und Krankenanstalt, die der Droste Johannes Grüter im Jahr 1484 stiftete.

Von den Söhnen meines Urgroßvaters Heinrich Christian blieb nur einer in Rheine, um das elterliche Geschäft zu übernehmen: Heinrich Josef, mein Großvater, der 1863 geboren wurde. Schon früh wurde er von seinem Vater, der nicht nur Mitgründer, sondern auch Mitglied des Kuratoriums des Mathias-Spitals war, in diese Tätigkeit eingewiesen. Mit vierundzwanzig Jahren übernahm Großvater ehrenamtlich die Rendantur des Krankenhauses, die er vierzig Jahre lang – bis 1927 – innehatte, bis das Mathias-Spital an der Frankenburgstraße neu gebaut wurde. Die Bettenzahl des alten Krankenhauses reichte für Rheine und die Umgebung schon lange nicht mehr aus. Großvater blieb jedoch bis zu seinem Tod am 16. Februar 1954 Mitglied des Kuratoriums.

Eigentlich ist das Gesagte nichts Außergewöhnliches und wäre mir auch nicht so detailliert in Erinnerung, gäbe es nicht ein Ereignis, das bestimmte Verhaltensweisen in Vaters Familie entschlüsselt. Als mein Großvater sechs oder sieben Jahre alt war – es muss um 1869 gewesen sein –, nahm er teil an der Beerdigung eines Onkels. Ob diese Beerdigung in Haren oder in Rheine auf dem Friedhof an der Salzbergener Straße, wo es ein großes Familiengrab gibt, stattfand, vermag ich nicht zu sagen. Als Großvater immer älter und ich erwachsener wurde, nahm mein Vater mich eines Tages zur Seite und erzählte mir, was bei dieser Beerdigung geschah. Als der Sarg mit dem verstorbenen Onkel hinuntergelassen und auf den Boden des Grabes abgesenkt wurde, vernahm die umstehende Trauergesellschaft seltsame und unerklärliche Geräusche, die vom Sarg her zu kommen schienen.

Auf Geheiß des Pfarrers zogen die Träger den Sarg wieder herauf und man machte sich daran, ihn zu öffnen. In der Aufregung und Erwartung dessen, was nun geschehen sollte, dachte niemand daran, meinen Großvater, den damals kleinen Heinrich Josef, außer Sichtweite zu bringen. So wurde er unwillkürlich und unmittelbar Zeuge dieses außergewöhnlichen Geschehens der Rettung und Wiederbelebung seines scheintoten Onkels, der nach dem Schock des vermeintlichen Todes noch einige Jahre leben durfte.

Das Entsetzen der Umstehenden und natürlich das Ereignis selbst müssen bei meinem Großvater einen so tiefgreifenden Eindruck und Angst vor dem Tod hinterlassen haben, dass er Zeit seines Lebens nicht mehr davon loskam und unter diesem Eindruck litt. Er selbst hat später in seiner eigenen Familie niemals mehr über dieses Erlebnis, das er bewusst verdrängte, gesprochen, aber gewusst haben es alle Familienmitglieder. So wurde die Angst vor dem Tod in Vaters Familie zu einer schleichenden, über die nicht gesprochen wurde.

Als ich nach Großvaters Tod erfuhr, dass er als Kind bei der Beerdigung seines tot geglaubten Onkels anwesend war, konnte ich Großvaters lebenslänglichen Respekt vor dem Tod verstehen. Von Vaters Seite wurde in unserer Familie alles gemieden, was irgendwie mit dem Sterben und dem Tod zusammenhing. Es kam zu Großvaters Erleben noch hinzu, dass er zwei seiner Kinder, die an Tuberkulose erkrankt waren – es gab damals noch kein Penicillin – unter großen seelischen Schmerzen verloren hatte.

Wie mir Mutter in einem vertraulichen Gespräch sagte – sie hatte einen besonderen Zugang zum Herzen meines Großvaters –, sei es ihm schon mehrmals in seinem Leben gelungen, den bei ihm anklopfenden Tod barsch und energisch zurückzuweisen. Doch jetzt, da er schon über neunzig Jahre alt war, habe er dazu weder die Kraft noch sei er willens, es zu tun. Ihm bliebe jetzt nichts anderes übrig, als seinen eigenen Tod bejahend anzunehmen.

Täglich, oft sogar zweimal und auch nachts, ging Mutter in das Haus meiner Großeltern, um Großvater in seinem harten, unerbittlichen und überaus angstbesetzten Todeskampf beizustehen. Für diese liebende Nähe von Mutter – in ihrer Liebe verströmenden Offenheit war sie eine Meisterin – drückte Großvater, bevor sein Kampf mit dem Tod noch extremere Ausmaße annahm, Mutter als Dank einen Scheck in die Hand, der – ich habe es niemals genau erfahren – eine größere Summe auswies. Doch erinnere ich mich genau daran, wie Mutter zu Hause vor den entsetzten Blicken meines Vaters, der sie daran hindern wollte, es aber so schnell nicht vermochte, den Scheck in kleine, ja, kleinste Stückchen zerriss.

Großvater musste Anfang Februar 1954 entsetzlich leiden, auch psychisch, und das dauerte ungefähr eine ganze Woche. Ich sah und hörte ihn nicht mehr, denn Kinder sollten jetzt nicht in das so belastete Haus meiner Großeltern kommen. Obwohl er keine akuten körperlichen Schmerzen hatte, wehrte sich Großvater mit all seinen aufbegehrenden Kräften gegen das Herannahen seines Todes. Nachdem Vater sich von seinem Vater verabschiedet hatte, sagte er nicht viel, sondern hielt sich zurück. Mutter hingegen stand ihrem so äußerst schwer sterbenden Schwiegervater sowohl psychisch als auch durch ihre Anwesenheit bis zu seinem letzten Atemzug bei und noch darüber hinaus.

Obwohl Mutter keine gelernte Krankenschwester war, hatte sie sich doch während des Zweiten Weltkriegs dem Deutschen Roten Kreuz zur Verfügung gestellt, vornehmlich kranken und sterbenden Soldaten, die im Mathias-Spital lagen, seelisch beizustehen und wenn möglich, ihre letzten Wünsche zu erfüllen. Sie hatte bei ihrem Dienst von schwersten und traurigen Schicksalen erfahren, mitgelitten und Todeskämpfe mitansehen und mittragen müssen. Doch sagte sie später, eine solche Abwehr gegen den Tod und eine solch unendlich überwältigende Angst, wie sie sie bei Großvater erlebt habe, sei ihr bei ihrer gesamten Sterbebegleitung bisher nicht begegnet.

Infolge des sein gesamtes Leben bestimmenden Scheintod-Erlebnisses in seiner frühen Jugend hat Großvater zwar zeitweilig Gedanken an den eigenen Tod verdrängen können und seine wahre tiefgreifende Angst nicht wahrhaben wollen, doch am Ende seines Lebens wurde er gezwungen, die maßlose Angst auszuhalten und über sich ergehen zu lassen und im langsamen Sterben den Tod anzunehmen.

Nach dem 16. Februar, dem Tag von Großvaters Abschied aus diesem Leben, trat tiefe Stille, dankbares Aufatmen und unsagbarer Friede in das Haus meiner Großeltern ein. Großmutter war völlig erschöpft von all der Anstrengung, die auch sie durchmachen musste. Als ich das Haus wieder betreten durfte, um zusammen mit meinen Eltern in Ruhe und betend Abschied von Großvater zu nehmen, sah sie in ihrem schwarzen Kleid fremd und um Jahre gealtert aus. Großvater lag aufgebahrt in seinem Arbeitszimmer, das von tiefem Frieden erfüllt war. Der Raum wirkte auf mich hell und überdimensioniert. Und in seiner stillen Mitte das friedliche und schlafende Gesicht von Großvater, die Augen waren geschlossen und Sanftmut ging von ihm aus, ein ruhiger und beruhigender Friede, der es mir leicht machte, zu verweilen und zu schauen.

Und plötzlich entdeckte ich an ihm etwas Sonderbares: An den gefalteten Händen – Großvater praktizierte lebenslang sein katholisches Christsein – sah ich, dass seine beiden Handgelenke mit Binden umwickelt waren.

Später, im Auto oder zu Hause, als wir wieder unter uns sprechen konnten, fragte ich Vater nach dieser meiner sonderbaren Beobachtung. »Du weißt doch, Großvater hatte sein ganzes Leben lang entsetzliche Angst – nicht vor dem Sterben und vor dem Tod, sondern davor, lebend beerdigt zu werden. Um sicher zu gehen und die Möglichkeit eines Scheintodes auszuschließen, traf er sowohl testamentarisch als auch praktisch Vorsorge und verfügte, dass ein Arzt ihm nach seinem Tod beide Pulsadern öffnen sollte, um festzustellen, dass Blut und Wasser aus ihnen fließt.« Dieses sichere Zeichen des eingetretenen Todes musste Großvater aus dem Johannesevangelium bekannt sein, in dem es heißt, dass die Soldaten in die Seite Jesu stießen und seinen endgültigen Tod bestätigt sahen, als Blut und Wasser aus der Seite Christi flossen. Vater erzählte weiter:

»Du weißt doch, dass einmal in der Woche Großvaters Freund zu ihm kam, Dr. Valentin Dumpert, der Chirurg und Chefarzt des Mathias-Spitals. Sie haben des Öfteren bei einem Glas Wein dringende Angelegenheiten des Krankenhauses besprochen und sich darüber hinaus auch als Freunde persönlich gut verstanden. Dr. Dumpert wusste, was er nach Großvaters Tod zu tun hatte, und als aus den Pulsadern Blut und Wasser flossen, trat nach diesen entsetzlichen Todeskämpfen in das Haus und bei uns allen tiefer Friede und eine Erlösung ein. – Jetzt weißt du alles«, sagte Vater zu mir.

Manchmal denke ich darüber nach, warum Großvater für sich und seine Familie eine Grabstätte errichtete, die ausgemauert und durch eine Treppe begehbar ist, warum er vierzig Jahre lang die Bücher für das Mathias-Spital ehrenamtlich führte und bis zu seinem Tod Mitglied im Kuratorium war und den Chefarzt, einen Chirurgen, zum Freund hatte. Sollte auch ich einmal den Weg durch die enge und vielleicht für mich angstbesetzte Pforte, den Tod, gegangen sein und Großvater in der kommenden Welt wiedersehen, werden wir uns bestimmt viel zu sagen haben.

Erste Begegnung mit einem Sterbenden

Schon vor dem Abitur hatte ich den geheimen Wunsch, Priester zu werden, sagte aber niemandem etwas davon. Bei diesem erfüllenden Gedanken gab es jedoch einen Schatten, der mir Angst machte. Als Priester würde ich zu Sterbenden gerufen – entweder in ein Krankenhaus oder gar an eine Unfallstelle. Und oft – so hörte ich – war der Verunglückte schon gestorben, bevor der Priester eintraf. Die Ambulanz darf den Toten dann nicht mehr befördern, sondern nur noch der Bestatter. Wie sollte ich nur mit all dem umgehen, wenn ich Priester werden würde? Der Wunsch und der innere Anruf jedoch waren so stark, dass ich beschloss, mich als Erstes nach dem Abitur dem Sterben und dem Tod zu stellen.

Ich sprach unter vier Augen mit Kaplan Heinz Löker darüber, der oft zu uns ins Haus kam. Er hatte Verständnis für mich und besorgte mir eine Stelle in der Raphaelsklinik, wo ich für ein knappes Jahr ein Krankenpflegepraktikum machen konnte. Gegen den Willen meines Vaters – Mutter hielt sich zurück – begann ich auf der »Station Sieben« für innere Medizin, da hier die meisten Sterbefälle vorkamen. Ich bat Schwester Felicia, die Stationsschwester, eine Ordensfrau von außerordentlicher Güte, mich neben all der anfallenden täglichen Arbeit mit einem sterbenden Menschen vertraut zu machen. Auch sie brachte mir gegenüber ein großes Verständnis und vor allem Geduld auf, denn die Angst, die ich überwinden wollte, stand mir im Gesicht geschrieben. Nach einigen Tagen durfte ich bereits das Essen austeilen, wobei genau darauf geachtet werden musste, welcher Patient welches Essen bekam. Verwechslungen konnten schlimme Folgen haben. Ich war dabei, wenn Verbände gewechselt wurden, und sah zum ersten Mal bei einer zuckerkranken Frau den Stumpf nach ihrer Beinamputation; ich half, die Patienten zu waschen, machte die Betten und leerte die Urinflaschen. An all das und mehr hatte ich mich schnell gewöhnt.

Da drei und mehr Patienten sich ein Zimmer teilten, wurden die Sterbenden in ein Einzelzimmer verlegt, um ihnen individuelle Pflege und Betreuung zukommen zu lassen und ihnen so das Sterben leichter zu machen. Die Mitpatienten wurden entlastet und das Sterben und der Tod hatten einen eigenen Raum. Und in diesen »Raum« wurde ich langsam und sehr einfühlsam von Schwester Felicia eingeführt. Ich hatte sie in mein Geheimnis eingeweiht und sie wusste, dass ich nicht Arzt, sondern Priester werden wollte. Obwohl ich gern mehr mit ihr gesprochen hätte, bestand infolge der vielen Arbeit kaum die Möglichkeit dazu.

Eines Tages jedoch nahm sie sich die Zeit und erzählte mir von einer Mitschwester, die heiligmäßig gelebt habe und vor drei Jahren gestorben sei. »Haben Sie den Namen Schwester Euthymia schon einmal gehört?« Ich musste zugeben: »Nein.« – »In Schwester Euthymia hätten Sie einen Menschen erlebt, der immer auf ganz natürliche Weise übernatürlich war. Sie machte zwar Zeit ihres Lebens keine Schlagzeilen, doch verbreitete sie eine heilende Atmosphäre. 1934 wurde sie bei den Clemensschwestern aufgenommen und machte 1939 ihre Prüfung zur Krankenschwester. 1948 wurde sie unverständlicherweise aus der Krankenpflege herausgenommen und musste Arbeiten für die Waschküche der Raphaelsklinik und das Mutterhaus übernehmen. Der große Wäschereibetrieb der Klinik und des Mutterhauses war durch Bomben völlig zerstört. Die Baracke, auf die Sie von hier oben schauen, und in der Schwester Euthymia sieben Jahre ihre schwere Arbeit in Holzschuhen getan hat, ist heute noch unsere Waschküche.«

Meine Arbeit auf der »Station Sieben« nahm jetzt eine andere Dimension an, da mir Schwester Felicia einen schwer kranken, ja, sterbenden Mann anvertraute, der unheilbar an Speiseröhrenkrebs erkrankt war. Er lag in einem kleinen Einzelzimmer – und ich wusste Bescheid. Ich durfte jeweils längere Zeit bei ihm verbringen; einen Teil meiner sonstigen Arbeit hatte eine Krankenpflegeschülerin übernommen. In diesem Zimmer sollte meine erste Begegnung mit einem Sterbenden und seinem Tod sein. Der Mann mittleren Alters – ich habe leider seinen Namen vergessen, ihn dafür aber lieb in Erinnerung – hatte keine Angehörigen. Zumindest kam in all den Wochen seiner schweren Krankheit wie auch während seines Sterbens und nach seinem Tod niemand zu ihm, um ihn zu besuchen und Abschied zu nehmen.

Als ich mit ihm vertraut wurde, konnte er noch ein wenig sprechen. Ich musste mein Ohr dicht an seinen Mund legen, um zu verstehen und später zu erahnen, was er mir sagen wollte. Die Luftröhre und der Mund-, Schlund- und Rachenraum waren bereits angegriffen und voll von Metastasen. Täglich wurde er dünner, denn er konnte weder essen noch trinken. Wenn man jedoch täglich mit einem Menschen zusammen ist, bemerkt man seine Veränderung nicht so sehr. Als es ihm noch besser ging, erzählte er mir viel aus seinem Leben. Ich hatte den Eindruck, dass es ihm guttat, darüber zu sprechen und jemanden bei sich zu haben, der ihm aufmerksam zuhörte. Außer Schmerzmittel zu verabreichen, konnten die Ärzte nichts mehr für ihn tun. Es wurde sehr still in seinem Zimmer, denn mit zunehmender Ausbreitung der Metastasen konnte er eines Tages nicht mehr sprechen. Wenn ich es eben einrichten konnte, war ich bei ihm. Schwester Felicia unterstützte das, denn sie wusste, was der Grund meines Pflegedienstes war.

Das einzige schmale Fenster dieses Raumes war auf den Hof gerichtet, in dem die Waschbaracke stand. In gewissen Abständen stiegen weiße Rauchschwaden auf und verschleierten den Ausblick. Schwester Felicia hatte mir ein kleines broschiertes Buch von Pater Wendelin Meyer gegeben mit dem Titel »Schwester Maria Euthymia«, das 1957 im Selbstverlag der Clemensschwestern erschienen war. Wenn der schwer kranke Mann, für dessen Betreuung ich mehr oder weniger ganz verantwortlich war, ein wenig schlief, las ich in diesem Buch. Zwischendurch schaute ich auf die letzte Stätte, in der Schwester Euthymia gewirkt hatte: die Waschbaracke. Als gelernte und engagierte Krankenpflegerin unterwarf sie sich gehorsam ihrer Bestimmung als Wäscherin. Sie stand da im blauen Arbeitskittel, in brauner Lederschürze, zog und hob die schweren Wäschewagen, drehte die schweren Maschinen zum Entleeren herunter und transportierte die Wäsche, als ob das alles für sie gar keine besondere Anstrengung bedeutete. Die Devise von Schwester Euthymia lautete: »Zu Ende führen«, auch die geringste Aufgabe ganz erfüllen. Manchmal ließen Assistenzärzte oder Krankenpflegeschülerinnen ihre Füllhalter, Tintenstifte oder sogar Prontisol-Tabletten (Chrom-Quecksilber) in den Taschen ihrer weißen Kittel. Dann färbte sich die Lauge in den Bottichen schwarz, blau oder rot und war verdorben. Sogar das entschuldigte Schwester Euthymia. Allen und allem gegenüber strahlte sie eine nie versiegende Freundlichkeit aus.

Die kurzen Einblicke in das Leben von Schwester Euthymia halfen mir auf wunderbare Weise, meine Aufgabe der Sterbebegleitung auch innerlich anzunehmen und zu verwirklichen – ohne davonzulaufen. Der schwer kranke Mann konnte nichts mehr zu sich nehmen und wurde künstlich ernährt. Das, was er versuchte, mir mit wenigen Worten zu verstehen zu geben, war erschreckend für mich. Er muss entsetzliche Schmerzen gehabt haben, denn die Medikamente brachten keine oder nur kaum Linderung. Es dauerte lange – und er musste mehrmals neu und mühsam ansetzen – bis ich wirklich verstand, was er mir sagen wollte. Sein sehnlichster Wunsch und seine Bitte bestanden darin, nicht länger leiden und diese entsetzlichen Qualen aushalten zu müssen. Er bat um ein Mittel, das seinem Leben ein Ende setzte. Hilflos, absolut hilflos stand ich da. Ich war zwar ein wenig von der Geschichte des Zweiten Weltkriegs mit einer zwangsweise durchgeführten Euthanasie vertraut, aber dass jetzt in meiner Gegenwart jemand vor lauter Schmerzen freiwillig danach verlangte, war für mich wie ein Schock.

Nach einigem Zögern sprach ich mit der behandelnden Assistenzärztin darüber und staunte nicht wenig, wie offen sie mit diesem Thema umging. Um keine Verwirrung und unnötige Diskussionen zu schaffen, behielt ich ihre Meinung für mich. Bei diesem Patienten mit dieser entsetzlichen und fortschreitenden Krebskrankheit könne sie sich einen solchen Schritt durchaus vorstellen, doch wisse sie um die Unmöglichkeit der Durchführung. Wir sprachen nicht mehr darüber; doch wie sollte ich mit meinen zwanzig Jahren mit einer solchen Problematik umgehen? Einerseits … – andererseits … Im Angesicht eines so furchtbaren Leidens kamen in mir Momente hoch, in denen ich den Eingriff zur Verkürzung dieses Lebens als Erlösung sogar bejahte. Dann wiederum und vom Glauben her war es eine Unmöglichkeit, auf diese »tötende« Weise in das Leben eines Menschen einzugreifen. Ich begann zu spüren, dass Gebete zu Schwester Euthymia für mich zu einem großen Trost wurden und in mir zu einer klaren Antwort führten, niemanden und unter keinen Umständen zu töten. Aus dieser Überzeugung konnte ich dem Sterbenden in seinem unsagbaren Leid noch liebevoller begegnen. Die Tage wurden lang und zogen sich dahin, aber es geschah immer noch keine Veränderung und der Tod ließ auf sich warten.

Ich spürte, wie wichtig und beruhigend es für den Kranken war, dass jemand ihn begleitete und oft anwesend war. Sein Sterben als wahrhafte Erlösung erwartend las ich das kleine Büchlein über Schwester Euthymia zu Ende. Ich hatte das Gefühl, sie begleitete mich wie ein Engel auf diesem schweren Gang in etwas für mich Neues und Ungewisses, das nicht mehr mit einem

Schrecken beladen und mit Angst besetzt war. Schwester Euthymia hatte in ihrer Waschbaracke ein kleines Oratorium eingerichtet, damit sie und alle ihre Mitarbeiterinnen unaufhörlich an Christus und die Heiligen im Himmel erinnert würden und um mit ihnen in Verbindung zu treten. Im Juli 1955 erlitt sie einen Schwächeanfall und wurde in die Klinik eingeliefert. Die Diagnose lautete »Krebs« – eine Krebsgeschwulst im Unterleib, die bereits Metastasen in der Leber gebildet hatte. An eine Heilung war nicht mehr zu denken. Am 9. September empfing Schwester Euthymia zum letzten Mal die heilige Kommunion. Es war um sechs Uhr am Morgen. Sie richtete sich in ihrem Todeskampf auf und sagte: »Noch zehn Minuten …« Dann nahm sie ihr Sterbekreuz und erwartete ruhig den Tod.

Mit völlig neuem Bewusstsein las ich das Kapitel über ihr Sterben ein zweites Mal. Es war, als ob Schwester Euthymia mich vorbereitete auf meine Aufgabe, die mir jetzt bevorstand. Das Thema Sterbehilfe sprach ich bei dem Schwerkranken nur kurz an, indem ich versuchte, ihm meine Einstellung zu vermitteln. Ich betete umso inständiger für ihn, dass er die Kraft erhalte, sein Leiden und die unsagbar langsam voranschreitende Zeit in Geduld anzunehmen. Bei den Ärzten sorgte ich dafür, dass ihm andere und stärkere Schmerzmittel verabreicht wurden. Die letzten Tage seines Lebens wurden lichter und waren nicht mehr von diesen unsagbaren Schmerzen belastet, sodass er in Ruhe und innerem Frieden Abschied nehmen konnte. Eine wunderbare Erfahrung, die ich am Ende seines Lebens machen durfte: Nicht mehr ich und meine Angst vor dem Tod standen im Vordergrund, sondern die Hilfe, die ich dem Sterbenden geben konnte. Mein Gebet begleitete ihn, als er eines Nachmittags die Augen schloss, ein letztes Mal ausatmete und für immer einschlief. Es war ein wunderbarer Übergang von dieser Welt in die jenseitige, und ich hatte das Gefühl, dass Engel ihn begleiteten.

Durch Schwester Felicia und Schwester Euthymia wohl vorbereitet und geführt, durfte ich über Wochen einen schwer kranken Mann begleiten und ihm in seinem Sterben nahe sein. Ich glaubte, meine Angst vor dem Tod überwunden zu haben, doch eine Herausforderung kam noch, bei der ich fast versagt hätte.

Als der Tote gewaschen und angekleidet wurde, war ich nicht anwesend. Ich hatte darum gebeten. Doch dann rief mich Schwester Felicia und fragte mich, ob ich den Verstorbenen nach unten in den Keller fahren und ihn in den Leichenraum bringen würde. Im ersten Augenblick war es selbstverständlich für mich, diesen Dienst zu tun. Ich schob die Bahre mit dem Verstorbenen, den ein weißes Laken bedeckte, über den Flur und holte den Aufzug, der nicht für Besucher, sondern nur für Krankentransporte bestimmt war. Als sich automatisch die Tür hinter uns schloss und der Aufzug sich ruckartig in Bewegung setzte, kam auf einmal alle Angst in mir wieder hoch: ich allein, eingeschlossen mit einem Toten auf einer Fahrt nach unten … Meine Beine versagten und ich konnte mich nirgends festhalten. Mir wurde schwindlig und übel. Sollte dieser Schrecken das Ergebnis meiner so sanften und langen Annäherung an den Tod sein? Doch ehe ich recht Luft holen und mich besinnen konnte, hielt der Aufzug und ich konnte seine Türen weit öffnen. Diese Bewegung war erlösend und ich folgte der Ausschilderung »Leichenhalle«. Bevor ich die Doppeltür öffnete, durchzuckte mich einen Moment lang die bange Frage, was und wer mich drinnen erwarten würde. Zwei Menschen – ähnlich wie mein Verstorbener – lagen unter weißen Tüchern friedlich auf ihrer Bahre. Nichts Fremdes und Erschreckendes rührte mich mehr an. Ich schob den Verstorbenen neben sie, verweilte einen Moment, sprach ein Gebet in den Frieden und die Ruhe dieses Raumes hinein und verabschiedete mich. Ein tiefes Gefühl, getragen zu sein, umgab mich nicht nur, sondern kehrte auch in mein Inneres ein.

Schwester Euthymia wurde am 7. Oktober 2001 – sechsundvierzig Jahre nach ihrem Tod – seliggesprochen. Ich bin sicher, dass der krebskranke Mann, den ich bis zu seinem Tod pflegen durfte und aus dessen Kranken- und Sterbezimmer ich auf die Waschbaracke sehen konnte, zwar nicht durch die katholische Kirche auf Erden, aber von Gott seliggesprochen wurde. Er hat das Unabänderliche seiner Krankheit, die entsetzlichen Schmerzen und sein langsames Sterben, das von vielen entsetzlichen Versuchungen begleitet war, in Geduld angenommen und ist tief in das Geheimnis des Glaubens eingetaucht: in den Tod und die Auferstehung Jesu Christi.

DER TOD GEHÖRT ZUM LEBEN

Einer Wirklichkeit kann niemand ausweichen: dem Tod. Heute noch reckt er sich hoch empor, morgen schon ist er verschwunden; denn er ist wieder zu Staub geworden und mit seinen Plänen ist es aus (1 Makkabäer 2,63). Leben und Tod sind untrennbar miteinander verbunden.

Viele Menschen verdrängen diese Wirklichkeit und wollen sie nicht wahrhaben; sie denken ans Heute und übersehen das Morgen. Wir leben in der Gegenwart und sollten wissen, dass sie durch unsere Vergangenheit geprägt und geformt ist. So wird auch unsere Zukunft zu einem großen Teil durch unser gegenwärtiges Tun und Lassen entschieden. Diese weitreichenden und bis ins Kosmische gehenden Zusammenhänge können wir noch weitaus klarer einsehen, wenn unser

Glaube durch unser Gebet der Hingabe und durch den Empfang der Sakramente lebendig ist. Viele machen die Erfahrung, dass in der Tiefe ihres Betens die Zeit und die Wahrnehmung des Raumes fast aufgehoben sind und sie für Momente etwas berühren, das wir ohne Weiteres Ewigkeit nennen dürfen. Nach dieser Stille im Gebet wie auch nach dem Empfang der heiligen Eucharistie verfügen wir über einen tieferen Glauben und gleichzeitig über einen größeren Überblick: Wichtige Details unseres vergangenen Lebens werden uns bewusster, der Blickwinkel für Gegenwärtiges wird weiter und Ahnungen, wie unser künftiges Leben weitergehen wird, werden mehr und mehr zur Gewissheit. Der Gedanke an den Tod als Übergang in eine neue Lebensform wird von uns nicht als erschreckend und mit Angst beladen erlebt.

Wir können somit aus Erfahrung dem Wort des Aristoteles widersprechen: »Das Schrecklichste aber ist der Tod; er ist nämlich das Ende, und es scheint, dass es nach diesem für die Toten nichts Gutes und nichts Schlechtes mehr gibt« (Nikomachische Ethik, 1115a). Der Tod und die Angst vor dem Tod sind in den meisten Kulturen ein zentrales Thema. Als Christen mit fundierter Glaubens- und Gebetserfahrung dürfen wir jedoch erleben, dass die Erlösung und das Heil des Menschen nicht allein von seiner philosophischen Einstellung und einer entsprechenden Lebensführung abhängen, sondern auf der Heilstat Jesu Christi beruhen.

Es ist daher wichtig, unser Leben so zu führen und so zu gestalten, dass es auf das zu erwartende kommende Leben keine Schatten wirft. Unsere Seele hat

den Wunsch, leicht zu sterben. »Nichts ist schwer, sind wir nur leicht« (Richard Dehmel).
- *Der Gerechte aber, kommt auch sein Ende früh, geht in Gottes Ruhe ein. Denn ehrenvolles Alter besteht nicht in einem langen Leben und wird nicht an der Zahl der Jahre gemessen* (Weisheit 4,7–8).

Was hilft es uns, lange zu leben, wenn wir nicht die Chance ergreifen, unser Leben zum Besseren zu verändern und Gott, den Menschen und der Schöpfung gegenüber liebevoller zu werden? Das Älterwerden, von dem niemand ausgenommen ist, hat den eigentlichen Sinn, dem Ältesten, Gott, immer ähnlicher zu werden und in seine Nähe zu gelangen. Doch manche Menschen sehen das nicht und verpassen die Chance, in Gelassenheit alt zu werden. Sie laden sogar noch im Alter durch Unzufriedenheit, mangelnde Einsicht und Eigenwilligkeit neuen unnötigen Ballast auf sich, der sich wie ein Schatten auf ihre Seele legt. Daher ist es umso wichtiger, dass der älter werdende Mensch seinen Glauben vertieft und gleichzeitig liebevolle und religiöse Zuwendung erfährt, um den Sinn seines Lebens tiefgreifender einzusehen.

Das Sterben gehört zum Leben. Jedes Sterben ist wie jedes Leben etwas ganz Besonderes und Einmaliges, von dem wir für das eigene Leben und Sterben viel lernen können. Denjenigen, die schon einmal einen Sterbenden begleitet und dabei sicherlich intensiv an den eigenen Tod gedacht haben, hilft diese Erfahrung, noch wesentlicher zu leben, um dann eines Tages selbst ruhiger sterben zu können.

In alten Anweisungen über die »Kunst des Sterbens« (»Ars moriendi«) ist zu lesen: »Wenn der Morgen kommt, so stelle dir vor, du würdest vielleicht den Abend nicht mehr erleben. Und am Abend versprich dir den kommenden Morgen nicht unbedingt.« Das heißt, wir werden sowohl gebeten als auch ermahnt, immer bereit zu sein und so zu leben, dass der Tod uns nicht unvorbereitet antrifft. Die mittelalterliche Kultur des Sterbens warnt davor und gibt den Rat, des Öfteren an den eigenen Tod zu denken und rechtzeitig entsprechende Vorbereitungen zu treffen. Viele Menschen jedoch werden durch den Tod plötzlich und unerwartet aus der Fülle ihres weltlichen Lebens gerufen und heißen diese Art zu sterben sogar noch gut.

- *Haltet auch ihr euch bereit! Denn der Menschensohn kommt zu einer Stunde, in der ihr es nicht erwartet* (Lukas 12,40).

Wenn unsere letzte Stunde kommt, werden wir unser ganzes vergangenes Leben in einem anderen Licht sehen. Wir schauen uns selbst zu, wie wir gehandelt haben, sehen die Zusammenhänge klarer und werden noch einmal oder mehrere Male aufgefordert, eine Entscheidung zu treffen. Es ist nicht nur sinnvoll, sondern auch klug, sein Leben so einzurichten wie man im Tod angetroffen werden möchte. Die Unruhe vor dem Tod schwindet, und die Angst wird wesentlich geringer oder schwindet sogar, wenn wir rechtzeitig in gesunden Tagen

- unerledigte Dinge angehen und aufarbeiten,
- all den Menschen, mit denen wir in Spannung und Unfrieden leben, Versöhnung und eventuell Verzeihung anbieten,

- schlechtes Reden über andere und ungerechtfertigte Kritik einstellen,
- lernen, Unabänderliches anzunehmen und geduldig zu ertragen,
- die Worte der Bergpredigt, das Wesentlichste der Lehre Jesu, auf unser Leben beziehen und uns nach ihnen richten und danach handeln,
- durch lebenswahrhaftiges und hingebendes Beten empfänglicher werden für die Liebe und den göttlichen Willen und versuchen, ihn zu unserem eigenen Willen zu machen, um damit die dritte Vaterunser-Bitte zu erfüllen,
- durch eine Verfügung oder ein Testament unseren Nachlass regeln und ihn gerecht verteilen.

Solange wir gesund sind, können wir weitaus mehr Gutes wirken als im Zustand einer Krankheit. Sind wir jedoch krank, so wissen wir nicht, was wir dann noch vermögen. Nutzen wir daher die gegenwärtige Stunde, denn sie ist überaus kostbar. Jetzt sind die Tage des Heils, jetzt ist die Zeit der Gnade. Viele Sterbende sehnen sich danach, auch nur einen Tag oder gar eine einzige Stunde länger zu leben, um noch etwas mit sich selbst oder in der Welt in Ordnung und ins Reine zu bringen.

Jede Stunde unseres Lebens ist überaus kostbar. Daher sollten wir lernen, präsent zu sein, jetzt zu leben und so zu leben, dass uns nichts beschwert, dass wir nicht in Auseinandersetzungen verwickelt sind und unsere Seele bereit ist, unseren Körper zu verlassen, wenn wir vom Herrn zurückgerufen werden. Dieses Buch »Sterben im Vertrauen auf Gott« möchte einer-

seits mit der unausweichlichen Gewissheit konfrontieren, dass wir alle einmal sterben müssen, und andererseits die Angst und die Unsicherheit vor dem Sterben verringern, Mut machen und die Hoffnung auf das ewige Leben stärken. Lernen wir inmitten dieser Welt mit der Botschaft Christi zu leben und sie in die Tat umzusetzen, so werden wir unseren Tod – auch einen plötzlichen und unerwarteten Tod – nicht fürchten und in der Gewissheit leben, eines Tages für immer bei ihm zu sein.
- *Sind wir nun mit Christus gestorben, so glauben wir, dass wir auch mit ihm leben werden* (Römerbrief 6,8).

Viele Menschen zählten auf ein langes Leben und täuschten sich, indem sie unerwartet abberufen wurden: durch einen Unfall, durch eine plötzlich auftretende Krankheit, durch Naturkatastrophen, durch Alkohol oder Rauschgift, durch Überarbeitung, durch ein Verbrechen, durch psychische Belastung, durch ein Attentat oder durch Krieg ... Das Ende aller ist der Tod – und das Leben zieht so schnell wie ein Schatten vorüber.
- *Der Mensch gleicht einem Hauch,*
  seine Tage sind wie ein flüchtiger Schatten (Psalm 144,4).

Wir sollten nicht vergessen, für die Verstorbenen, besonders für die, die wir gut gekannt haben und die uns etwas bedeuteten, zu beten. Wie schnell sind sie vergessen und kaum jemand denkt noch an sie. Möchten wir denn nicht auch nach unserem Tod durch Gebet, Erinnerung und gute Gedanken von unseren Lieben begleitet werden? Wir wissen nicht, was und wer nach dem

Tod mit uns sein wird. Vielleicht unsere Eltern und die, die wir besonders geliebt haben? Wenn es in unserem Leben einen Gott nahen vorbildhaften Menschen gibt oder gab, sollten wir uns an ihn wenden und ihn bitten, uns bei unserem Übergang in die kommende Welt zu helfen. Sicher gibt es einen Heiligen oder gar mehrere, die uns durch ihr Leben und Werk ansprechen. Wir sollten sie in unser Gebet einbeziehen und besonders dann anrufen, wenn wir wissen, dass wir diese Welt bald verlassen müssen. Jesus bittet uns, Freundschaften aufzubauen und zu pflegen, *damit ihr in die ewigen Wohnungen aufgenommen werdet, wenn es mit euch zu Ende geht* (Lukas 16,9 b).

Hängen wir unser Herz und unsere Seele nicht an Vergängliches, beladen uns nicht mit Schuld und verstricken uns nicht in die Schicksale anderer Menschen. Betrachten wir uns wie Pilger auf Erden. Ein solcher geistlicher Pilger geht innerlich weiter und weiter, ohne für seine Seele ein festes Zuhause in dieser Welt zu haben.

- *Da ihr Fremde und Gäste seid in dieser Welt, ermahne ich euch: Gebt den irdischen Begierden nicht nach, die gegen die Seele kämpfen* (1. Petrusbrief 2,11).
- *Denn wir haben hier keine Stadt, die bestehen bleibt, sondern suchen die künftige* (Hebräerbrief 13,14).

Aus meiner priesterlichen Tätigkeit weiß ich, dass das Interesse bei vielen Menschen für das Phänomen des Sterbens und des Todes sowie für das Weiterleben nach dem Tod sehr groß ist. Daher drängte es mich, die mittelalterlichen Kupferstiche des Meisters E. S. zusammen mit Texten, die sich mit dem Sterben und dem Tod beschäftigen, zu veröffentlichen, um sie anderen zugänglich zu machen. Die den Bildern zugeordneten Texte möchten dazu beitragen, eine positive Einstellung zum Tod als Übergang zu einem gewandelten Dasein zu schaffen und das Geheimnis des Todes mit der Auferstehung Jesu Christi in Einklang zu bringen.

Beim Schreiben der Texte und durch das zwischenzeitliche Beten wurde mir noch einmal deutlich, wie außerordentlich wichtig es ist, für die verstorbenen Menschen, die wir gekannt haben und die uns etwas bedeuteten, zu beten. Wie schnell haben wir wesentliche Begegnungen, in denen Menschen uns gut waren und uns Verständnis und Liebe schenkten, wieder vergessen, weil uns die täglichen Ereignisse und die rasende Entwicklung nach außen immer wieder und schnell in ihren Bann ziehen. Daher bedürfen wir der Erinnerung, um das, was in unserem Leben an Gutem geschah, nicht zu vergessen und erneut wertzuschätzen. Hat Jesus Christus denn nicht in die Mitte unseres erlösten Daseins sein Gedächtnis gestiftet und im Abendmahlssaal zu seinen Jüngern und zu uns gesagt: *Tut dies zu meinem Gedächtnis*! (Lukas 22,19), »damit ihr nie vergesset – wie ein altes Kirchenlied sagt –, was meine Liebe tut«?

Richten wir uns daher täglich im Gebet und in allem, was wir tun, immer wieder auf Gott aus. Verhalten wir uns ihm gegenüber so wie wir sind: Wir freuen uns, wir danken, seufzen oder weinen, wenn die jeweilige Zeit dafür gekommen ist. Wenn wir auf Gott hin unser gesamtes Leben gestalten, dann wird auch unsere Seele nach unserem Tod glücklich zu ihm gelangen.

Herr, du hast mir ein Urvertrauen in meine Seele gesenkt.
Du gibst mir Halt und bist am wichtigsten in meinem Leben.
Was und wer könnte es anderes sein als du?
Deine Barmherzigkeit, deine Güte und Treue sind grenzenlos.

Ohne dich ginge es mir niemals gut – doch mit dir immer.
Lieber möchte ich deinetwegen arm sein als reich ohne dich,
lieber mit dir auf Erden sein als ohne dich den Himmel besitzen.
Wo du zugegen bist, Herr, da ist der Himmel, wo du nicht bist,
herrschen widergöttliche Kräfte und Mächte und der Tod.

Ich habe Sehnsucht nach deiner Nähe, darum rufe ich zu dir.
Vertrauend und bedenkenlos kann ich mich auf dich verlassen.
Ich weiß, in jeder Not und Gefahr wirst du mir beistehen.
Du kennst die rechte Stunde und schenkst mir deinen Beistand.
Auf dich verlasse ich mich, auf dich vertraue ich, auf dich hoffe ich.
Du bist mir auf ewig treu und nimmst mir die Angst vor dem Tod.

Der Tod wird zur zweiten Geburt

Es heißt, dass wir alle Meister darin sind, unseren eigenen Tod zu verdrängen. Aber ist denn nicht von Natur aus jeder Mensch dazu geneigt, seinen Tod nicht wahrhaben zu wollen? Da der Gedanke an den Tod nicht aus dem Leben selbst kommt, wehrt und sperrt sich das Leben gegen einen solchen Gedanken. Denken wir jedoch an den Tod und versuchen ihn zu erspüren, so überschatten wir damit unwillkürlich die Freude am Leben, ja, der Lebenswille kann sogar dadurch gemindert werden.

Der Tod aber ist eine Wirklichkeit, die unausweichlich zum Menschsein gehört. Wenn wir diese aber nicht wahrhaben wollen, sondern sie verdrängen, beginnen wir, in der Unwirklichkeit zu leben, und in unser Leben dringt unbemerkt eine Lüge ein. Zu den unausweichlich zum Menschsein gehörenden Daseinswirklichkeiten gehört neben dem Geschlecht, der Zeugung und der Geburt auch der Tod. Schiebt man ihn immerfort von sich und erachtet ihn als nicht real, so geht die Chance verloren, zu einer voll entwickelten Persönlichkeit zu reifen. Jede Daseinswirklichkeit muss daher angenommen, in unser Existenzganzes integriert und von unserem Wesenskern bewusst gemacht werden.

Verdrängen wir den Tod als Wirklichkeit unseres Daseins, so wird Verdrängtes in unserer noch verborgenen Innerlichkeit wie eine Krebsgeschwulst zu wuchern beginnen und unsere Existenz nicht nur überschatten, sondern sich auch unseres Existenzganzen bemächtigen. Die Folge können nicht nur schwere körperliche, sondern auch psychische Krankheiten sein – vornehmlich aber Depressionen und verheerende Angstzustände. Der im Leben verdrängte Tod gewinnt schließlich die Übermacht über das Leben selbst, das mehr und mehr als Katastrophe erfahren wird: Lebensnotwendige zwischenmenschliche Beziehungen zerreißen und lösen sich gänzlich auf, sodass sich der Kranke als völlig beziehungslos erfährt. Eine andauernde Sinnleere überfällt ihn, und er erlebt sich in einem tiefen dunklen Abgrund.

> Nacht und Gewölk und Finsternis,
> verworr'nes Chaos dieser Welt:
> entweicht und flieht! Das Licht erscheint,
> der Tag erhebt sich: Christus naht.
> So soll, was in uns dunkel ist,
> was schwer uns auf dem Herzen liegt,

aufbrechen unter deinem Licht
und dir sich öffnen, Herr und Gott.

Blick tief in unser Herz hinein,
sieh unser ganzes Leben an:
noch manches Arge liegt in uns,
was nur dein Licht erhellen kann
(Hymnus aus dem Stundenbuch).

Damit niemand am Ende vom Tod verschlungen wird, der in seinem Leben den Tod nicht wahrhaben wollte, dürfen wir ihm einfach nicht ausweichen. Wir müssen uns darin üben, mit dem Tod als Realität zu leben. Das bedeutet, immer wieder oder gar ständig mit einem Stück Unverfügbarkeit konfrontiert zu werden. Dieser Bestimmung sind wir am Ende unseres irdischen Lebens unterworfen. Dies relativiert unser menschliches Dasein und bewahrt uns davor, uns absolut zu setzen und der Lüge der Autonomie zu erliegen, das heißt, dem Wahn zu verfallen, sich absolut selbst zu bestimmen und in völliger Entscheidungsfreiheit zu leben.

Die Beschäftigung oder gar der Umgang mit dem Tod als Gegebenheit wird zu einer existenziellen Demutsübung. Und gerade hieraus erwächst die Chance einer Berührung mit dem Herrn des Lebens. Denn in jeder Gegebenheit, die uns Unverfügbares erfahren lässt, können wir Gott, dem Geber, begegnen. Was von Gott kommt, muss unweigerlich auch zu Gott führen. So verbirgt sich im einfachen und schlichten Annehmen des Todes die Chance des Lebens. Im Glauben an die Auferstehung und das ewige Leben können und dürfen wir bewusst auf unseren Tod zugehen, da Christus das Tödliche am Tod überwunden hat. Gläubig auf den Tod zugehen bedeutet, ihn mit all seinen Vorboten ganz ernst zu nehmen, um sein Gefährliches und Abgründiges jetzt schon zu überwinden durch das Sichselbst-Sterben im vertrauenden Hinblick auf Jesus Christus. Eine wunderbare und einfache Praxis, dieses anzugehen und – wenn der Herr es möchte – auch zu erreichen, bietet das Ruhegebet, das ein Gebet der Hingabe ist.

Es beweist Dankbarkeit für das großartige Geschenk unseres Lebens, wenn man spätestens jenseits seiner ersten Jahrhunderthälfte jeden Geburtstag als ein Datum abnehmenden Erdenlebens wahrnimmt. Das Ende unseres irdischen Lebens mit all seinen Abschieden rückt immer näher und sollte des Öfteren bedacht werden. Und schaut man als älterer Mensch genau auf sein Leben, so werden langsam die Schatten des Todes sichtbar, von denen Zacharias in seinem Lobgesang spricht, der jeden Morgen in der Laudes der Kirche gebetet oder gesungen wird.

Durch die barmherzige Liebe unseres Gottes
wird uns besuchen das aufstrahlende Licht aus der Höhe,
um allen zu leuchten, die in Finsternis sitzen
und im Schatten des Todes,
und unsere Schritte zu lenken auf den Weg des Friedens.
(Lukas 1,78–79)

Leuchtet nach diesem Wort nicht gerade in den Todesschatten hinein das verheißene messianische Licht? Siebzigste Geburtstage und die darüber hinausgehenden können – wahrhaft betrachtet – im Hinblick auf die gelebte Todesnähe auch Vorverkündigung und Vorfeier von Lebensfülle sein. Es ist nur allzu gut verständlich, wenn ernstere Menschen dem vordergründigen Gratulieren und den oft damit verbundenen bürgerlichen Feiern an solchen Tagen aus dem Weg gehen, indem sie verreisen.

Die wirkliche Vorbereitung auf den Tod, die Geschenk Gottes und Gnade ist, beginnt, wenn der Tod einem zur Frage wird, die in unser Innerstes dringt. Warum muss jemand sterben, der mein Leben mit ausmachte? Warum muss auch ich sterben, dessen Sehnsucht und Freude es ist, leben zu dürfen? Das ist etwas kaum zu Fassendes, das mich infrage stellt. Und doch bin ich sicher: Ich sterbe nicht nur meinen eigenen individuellen Tod, sondern der Tod ist verflochten mit allen Toden – besonders mit dem Tod Jesu am Kreuz. In irgendeiner Form nimmt jeder teil an der Frage Jesu am Kreuz, diesem schrecklichen Warum des von Gott verlassenen Gottessohnes im Angesicht des Todes: *Mein Gott, mein Gott, warum hast du mich verlassen?* (Markus 15,34).

Das Fragen nach diesem Warum beginnt bei dem einen Menschen früher, bei einem anderen später; bei dem einen wird es lauter, bei einem anderen leiser geäußert. Christus weiß nicht nur um unser Fragen, sondern er möchte auch an unserem Warum teilnehmen. Indem er es selbst aussprechen musste, hat er es ein für alle Mal geweiht und geheiligt. Warum aber muss der Tod sein? Gott kann uns nicht für den Tod geschaffen haben – auch wenn wir ihn selbst verschuldeten. Der Tod und seine Vorreiter wie Krankheit, Leid, Schmerz, Unglück können unmöglich die letzte Antwort auf das Leben sein.

Etwas, das seinem Wesen nach gegen Gott ist, kann nicht stärker sein als Gott selbst. Er hat uns geschaffen, und nur er bestimmt, wie es mit uns weitergeht.

Warum muss also dennoch der Tod sein? Die Antwort, die der Apostel Paulus uns auf diese Frage gibt: Der Tod muss sein, weil die Sünde in die Welt kam. Und so muss alles sterben, was sich gegen Gott behauptet.

Gott möchte sich mit seiner Gegenwart dem Menschen auf ewig schenken. Dazu muss der Mensch zu einem reinen Empfangenden werden. Alles das, was die Schenkung hindert, muss sterben. Durch unseren Tod lässt Gott alles sterben, was gegen das Leben gerichtet war. So verstanden wird der Tod für uns zu einer zweiten Geburt. Gott macht einen neuen Anfang mit uns. Durch gelebten Glauben, durch Hoffnung und Liebe, wie auch durch ein Sich-selbst-Sterben und Gebet und darüber hinaus, können wir Voraussetzungen für den Neuanfang mit Gott schaffen. Doch das, was wir schaffen können, ist und bleibt Fragment. Im Sterben, so dürfen wir hoffen, geschieht Ergänzung durch Gott, der Begonnenes vollendet.

> Herr, ich habe in meinem Leben
> an allzu vielem festgehalten,
> was dich daran hinderte,
> dich mir zu schenken.
>
> In mir ist noch vieles vorhanden,
> was unbedingt sterben müsste.
> Herr, lass es in meinem Tod mitsterben,
> damit mein Tod der Lebensanfang wird.

Gott ist die Liebe (1. Johannesbrief 4,8), das bedeutet, Gott ist reines Sich-Schenken. Seinem Wesen, seiner Berufung und Begnadung nach ist der Mensch auf dieses Geschenk hin geschaffen. Durch überbetonte Selbstbehauptung jedoch möchten viele Menschen kein Geschenk. Sie wollen selbst zugreifen und nicht empfangen. An diesem Widerspruch zu Gott und zum wahren Leben sind wir alle beteiligt. Wie in den Egoismus, so reißt der eine den anderen auch mit in den Tod hinein.

Wie die Sünde kam und durch die Sünde der Tod, so kam auch der Retter Jesus Christus, der alle aus der Sünde und aus dem Tod ins Leben zieht. Seine Liebe ist so mitreißend, dass sie alle Hindernisse und Verkapselungen sprengt und unseren Wesensgrund berührt, der auf Liebe ausgelegt ist. Jesus stirbt mit uns den Tod, weil er sich selbst uns schenken will. Der Tod Christi ist die letzte Konsequenz seines Lebens aus Gott und seiner Liebe zu Gott. Diese Bewegung aus Liebe zum Vater erweist sich als so mächtig, dass er alle mit zu Gott zieht, die es aus Todverfallenheit zu Gott heimverlangt. *Wenn ich über die Erde erhöht bin, werde ich alle zu mir ziehen* (Johannes 12,32). Christus weckt in uns dieses Verlangen, zum Vater heimzukehren, und besiegt den Sog in den dunklen Abgrund der Ichhaftigkeit und der Sünde.

Nicht wir, sondern Gott trifft die eigentliche Vorbereitung auf unseren Tod. In kleinen Schritten lässt er uns die Wirklichkeit erfahren, in der wir leben, uns bewegen und sind, sodass wir letztlich als Sterbende wissen: Er umgibt uns bergend von allen Seiten. Der Zustand des Sterbens besteht zunächst aus völliger Angewiesenheit auf Liebe. Und Gott ist die Liebe. Gott verwandelt unseren Tod in Geburt – und das schon jetzt, indem er den alten Menschen in uns sterben lässt, indem er uns durch Christus zum Aufbruch ruft und eine Entgrenzung ermöglicht, deren Ziel der Unbegrenzte ist. Zugleich jedoch werden wir durch ihn und mit ihm und in ihm in die vollkommene Geborgenheit hineingeführt.

Sich von Ungutem befreien

Wenn wir unser Gesicht im Spiegel betrachten, sehen wir eventuelle Unebenheiten und Flecken umso deutlicher und intensiver, je heller das Licht ist. Ebenso sehen wir, wenn das Licht des Heiligen Geistes unsere Innerlichkeit beleuchtet, all unsere Unvollkommenheiten und Schatten, die uns daran hindern, das göttliche Licht in uns dauerhaft aufzunehmen. Das Licht führt uns aber nicht nur zur Erkenntnis, sondern es hat auch die Eigenschaft, unser Herz zu erwärmen, sodass wir umso mehr bestrebt sind, die Reinigung oder Läuterung zuzulassen.

Selbst wenn du das Sakrament der Versöhnung mit Gott empfangen hast, bleiben aller Wahrscheinlichkeit nach verschiedene Neigungen und Abhängigkeiten in deiner Seele zurück. Als Menschen können wir zwar nicht ganz frei werden von Sünde, aber wir können frei werden von der Abhängigkeit an sie. Die Abhängigkeit von Menschen oder auch von Dingen verhindert die Entfaltung des Gottesbewusstseins und der Gottesliebe. Wenn auch die Sünde nicht vollends auszurotten ist, so können wir doch bewusst daran arbeiten, unsere Abhängigkeiten und Anhänglichkeiten abzubauen. Keine andere Macht als die Liebe Gottes soll Besitz von uns ergreifen. Daher sollten wir alles tun, um der Zudringlichkeit widergöttlicher Kräfte keinen Raum zu gewähren – weder durch unsere Lauheit noch durch fehlerhaftes Denken, Sprechen und Tun. Alles, was wir von uns aus abzubauen vermögen, wie zum Beispiel das freiwillige Festhalten an dem, was Gott missfällt, sollten wir so schnell wie möglich aufgeben. Eine Seele, die wohl gestaltet nach Gottes Ebenbild geschaffen ist, kann von ihrer ureigensten Natur keine Freude daran haben, ihrem Schöpfer zu missfallen!

Das Festhalten an etwas, das nicht nur uns selbst, sondern auch anderen Schaden zufügt, schwächt die Seelenkräfte, nimmt die Freude an der Erfahrung der Barmherzigkeit Gottes und öffnet vor allem jeglicher Versuchung die Tür. Du solltest wissen, dass durch ein Festhalten und Nicht-lassen-Können die Seele krank, ja, sogar schwer krank werden kann.

Tote Mücken und Fliegen, so sagt der weise Kohelet, zerstören die Wirkung und verderben den Wohlgeruch der Salben (vgl. Kohelet 10,1). Das bedeutet: Mücken und Fliegen, die nur kurz die Salbe berühren, verderben nur das, was sie davon mitnehmen; bleiben sie aber an der Salbe hängen, dann verdirbt sie und wird unbrauchbar.

Ähnlich ist es mit den Sünden eines Menschen. Sobald er an ihnen hängen bleibt und dazu noch innerlich an ihnen hängt, schlagen die schlechten Auswirkungen in der Seele Wurzeln – dies umso stärker und tiefer, je mehr der Mensch sein falsches Verhalten lieb gewinnt. Sein Glaubensleben und seine guten Absichten werden verdorben.

Wenn Spinnen in einen Bienenstock eindringen, töten sie zwar nicht die Bienen, aber sie verderben den Honig. Sie hüllen die Waben mit ihrem Gewebe ein, sodass die Bienen nicht mehr arbeiten können. In ähnlicher Weise ist auch die Sünde zwar nicht in der Lage, das Leben der Seele absterben zu lassen, sie lähmt aber die Aktivität der Seelenkräfte. Dies geschieht vor allem, wenn schlechte Neigungen zur Gewohnheit geworden sind und bejaht werden. Die Bienen versuchen alles, um das Eindringen der Spinnen zu verhindern. So sollten auch wir gleich zu Anfang das Eindringen schlechter Verhaltensweisen verhindern und die Spinnen des Geistes, wenn sie ihren Weg bereits in unsere Innerlichkeit gefunden haben, aus unserem Herzen verjagen. Lassen wir jedoch den unguten Kräften freien Lauf, fassen sie in uns festen Fuß und verwurzeln sich. Viele Menschen stimmen dem sogar zu und pflegen und nähren die schlechten Gewohnheiten und widergöttlichen Kräfte. Oft bemerken sie nicht einmal, wie sie innerlich nicht nur verpestet, sondern auch zerstört werden.

Eine Seele, die unterwegs ist zu Gott und sein liebendes Wesen vielleicht schon gekostet hat, dürfte keinen Gefallen daran finden, dunklen Kräften in sich Raum zu geben.

Spiele, Musik, gutes Essen und Trinken, Reisen, Mode und viele andere Liebhabereien sind von Natur aus gut und man sollte nichts Schlechtes gegen sie sagen. Sie führen in der Regel zur Freude und Entspannung und somit zum Guten. Doch besteht auch die Gefahr, wenn ich eine zu große Liebe zu diesen Dingen entwickle, dass eine Abhängigkeit eintritt und die Dinge mich eines Tages beherrschen und ich nicht mehr Herr über sie bin. Alles, an dem ich zu sehr hänge, führt in die Abhängigkeit. Ist das, was wir im Eigentlichen sind, nicht zu kostbar, um wahllos vertan zu werden?

Es gibt leider sehr viele Menschen, die abhängig sind. Sie lassen sich nicht nur von den Dingen, sondern auch von anderen Menschen beeinflussen, sodass sie sich kaum noch zu ihrer eigenen Identität entfalten können. Indem sie fremden Eindrücken und Einflüssen zu viel Raum gewähren, schwächen sie die eigenen Seelenkräfte, die dann zusammen mit anderen gesunden Lebenskräften mehr und mehr verkümmern.

Ist ein Hirsch zu fett, verbirgt er sich bei Gefahr gern im Gebüsch, anstatt vor seinen Verfolgern beizeiten davonzulaufen. Ähnlich ergeht es auch dem menschlichen Herzen. Belasten wir es mit einer übergroßen Liebe zu letztlich überflüssigen Dingen, verliert es seine Freiheit und die Offenheit zur entgegenkommenden Liebe Gottes. Unser Herz ist schwer und lässt sich immer weniger von der Gnade Gottes berühren und bewegen.

Es ist erheiternd und schön anzusehen, wenn kleine Kinder fasziniert und geschäftig Schmetterlingen nachlaufen. Würde sich ein Erwachsener so verhalten, wirkte es lächerlich. Es sind zwar keine Schmetterlinge, aber ganz unwichtige Kleinigkeiten, für die sich viele Menschen übermäßig engagieren und ereifern. Dieses Tun ist nicht nur unnütz, sondern hinterlässt auch im Menschen Spuren, die ihn aus dem gesunden Gleichgewicht bringen.

> Herr, wie viel Unheil geschieht allein durch Eigensinn,
> durch Egoismus, der allzu leicht im Fanatismus endet!
> In der vergangenen und gegenwärtigen Geschichte
> gibt es viele, viele Menschen, die in die Irre gehen,
> ja, von dunklen Mächten dazu verführt werden.

> Wie oft nur erscheint der Böse in Gestalt des Guten,
> und der Gute, dem Klugheit und Gemeinschaft fehlen,
> wird allzu schnell zum Handlanger des Bösen.
> Viele glauben von sich, Bote der Gerechtigkeit zu sein,
> in Wahrheit jedoch werden sie vom Bösen gesteuert.

> Wenn ich auch viel Ungutes bei anderen Menschen sehe
> und dann auf mich schaue, bin ich mir keinesfalls sicher,
> ob nicht ich selbst in Dunkles verstrickt bin, ohne Wissen.
> Sag mir, Herr, wie kann ich Einsicht und Klugheit erwerben,
> damit meine Seele frei wird von allen unguten Bindungen?

… jetzt und in der Stunde unseres Todes

Spüre Gottes Gegenwart in dir und um dich herum. Schließe die Augen und nimm wahr, dass Gott allgegenwärtig ist. Bitte ihn um seine Gnade, um sein göttliches Licht und um sein liebendes Entgegenkommen. Denke an das Sterben und den Tod lieber Menschen, die dir nahestanden und bestimmt weiterhin nahestehen. Auch von dir wird einmal dieses vollständige Loslassen deines Körpers, deines Geistes und deiner Seele und die damit verbundene umfassende Hingabe an Gott verlangt. Stelle dir vor, du liegst sterbenskrank zu Bett und weißt, dass du dem baldigen Tod nicht entrinnen kannst.

Du weißt, wie unvorhersehbar und unbestimmt der Tag deines Todes ist. Aber du weißt nicht, wann die

Seele deinen Körper verlassen wird: in welchem Jahr dies sein wird, zu welcher Jahreszeit und zu welcher Stunde. Wirst du in der Fremde, zu Hause oder im Krankenhaus sterben? Wird es unerwartet und plötzlich geschehen oder wirst du auf den Tod vorbereitet sein? Führen eine Krankheit, ein Unfall oder gar die Folgen eines psychischen Leids zu deinem Tod? Stehen dir liebe Menschen und vielleicht ein Geistlicher zur Seite, die dich nicht nur kurzfristig besuchen, sondern Zeit, viel Zeit für dich haben? Es gibt Fragen über Fragen, doch keine von ihnen lässt sich vorher beantworten. Eines ist allerdings sicher: Du wirst einmal sterben. Dies wird wahrscheinlich früher sein als wir es uns wünschen.

Du wirst diese Welt, in der und mit der du viele Jahre gelebt hast, verlassen. Eine große, unvorstellbare Umwandlung wird stattfinden, die mit einer Umbewertung verbunden ist. Vergängliches, Eitelkeiten, sinnliche Freuden, nichtige Liebeleien werden dir wie nebelhafte und verzerrte Trugbilder erscheinen. Du wirst zutiefst einsehen, wie stark du dich von Gott abgewandt und ihn beleidigt hast, indem du allzu schnell und radikal Vorübergehendes und Einbildungen an die erste Stelle in deinem Leben gesetzt hast. Im Grunde war es ein Nichts, das imstande war, dich von Gott, der Quelle ewiger Liebe, zu entfernen und ihn zu überschatten. Du wirst aber auch neben all dem Dunklen, was es in deinem Leben gab, das Lichtvolle und Beständige sehen, das durch dich in die Welt kam. Zusätzlich werden dir die Möglichkeiten offenbar, die es gab, dein Leben weitaus besser und gottgefälliger zu gestalten. Du wirst dich fragen: Warum bin ich nicht diesen herrlichen und gnadenvollen Weg gegangen, der sich jetzt so einfach und lichtvoll vor mir ausbreitet?

Stelle dir noch einmal vor Augen, wie deine Seele von allen Menschen und Dingen dieser Welt Abschied nehmen muss, von allem dir Liebgewordenen und Gewohnten, besonders aber von den Menschen, die dir nahestehen und die du lieb hast. Der Tod, wenn er uns ereilt, ist überwältigend und unumgänglich.

Nimm wahr, wie schnell die Zeit vergeht, in der du nach deinem Tod über Erden stehst bis zum Tag deiner Beerdigung. Werden Menschen nachher noch viel an dich denken? Vielleicht sind es nur wenige, die sich nach Jahren noch an dich erinnern. Frage dich einmal: Wie häufig denkst du denn an die Verstorbenen und betest für sie? Wie wird es nach dem Tod weitergehen, wenn deine Seele sich vom Körper getrennt hat? Wird sie sich – bildlich gesprochen – zur rechten oder zur linken Seite wenden? Aller Wahrscheinlichkeit nach wird sie in der Ausrichtung bleiben, die sie während des irdischen Lebens eingenommen hat; sie wird sich mit dem beschäftigen und das weiter vollziehen, was für sie in dieser Welt wichtig war, und das tun, womit sie hier begonnen hat. Sind Kursänderungen und Korrekturen auf das Ziel der Seele – die Vereinigung mit Gott – notwendig? Wird die Seele wesentlich mehr Zeit dazu benötigen als während des irdischen Lebens, in dem wir über große Willensfreiheit verfügen?

Bete um eine gute und gesegnete Todesstunde – frei von Schrecken, Angst und Furcht. Stelle dich täglich unter den Schutz des Höchsten und wirf dich im Gebet in seine Arme.

Herr, bleibe bei mir während meines Sterbens,
am Tage meines Todes und in der Todesstunde.
Möge sie sanft, still und gnädig für mich sein.
Mögen mich liebe Menschen bis in meinen Tod
und darüber hinaus liebend und betend begleiten.

Herr, ich bin gern bereit, während meines Lebens
Leid, Not und Sorgen anderer Menschen
    mitzutragen,
ihre Traurigkeit, ihre Depression und ihre
    Krankheit.
Durch dich, mit dir und in dir wird es mir gelingen,
denn du, Herr, bist stärker als Not, Krankheit und
    Tod.

Da ich die Welt einmal mit Sicherheit verlassen
    muss,
will ich versuchen, mich nicht an Dinge zu binden,
ebenso wenig mich an Menschen klammern,
da sie ja nur vorübergehend mich begleiten
und mir nur bedingt Sicherheit geben können.
Denn auch sie müssen früher oder später sterben.

Ich möchte die Liebe zu meiner Familie vertiefen
und die mir geschenkten Freundschaften pflegen,
niemanden, der mir begegnet, außer Acht lassen
und generell die Liebe und Verbundenheit heiligen,
aber niemanden, außer dich, Herr, an mich binden.

Denke intensiv darüber nach, ob du jemandem etwas
schuldig bist. Wenn ja, bringe es so schnell wie möglich
in Ordnung und gleiche alles aus – selbst wenn es dich

starke Überwindung kostet und zu materiellem Verlust führt. Befreie dein Gewissen von allen Belastungen und jeglicher Last und achte genau darauf, dir keine neue Last aufzuladen. Bereite dich auf deine Abschiedsstunde vor, das heißt, lebe innerlich und äußerlich so, dass der Herr dich zu jeder Zeit und Stunde abberufen kann – ohne ihn um Verlängerung deiner Lebenszeit zu bitten, um noch dieses oder jenes in der Welt und bei anderen in Ordnung bringen zu müssen.

Danke Gott für die tiefe Einsicht, die er dir gewährt, und für die weise Vorausschau. Fasse deine wichtigsten Vorsätze noch einmal zusammen und schreibe sie in dein Herz. Übe in jedem Gebet der Hingabe das Loslassen und damit das Sterben in Gott. Bitte den Herrn um die Gnade eines gesegneten Todes und darum, dass sein geliebter Sohn Jesus Christus noch einmal mit dir in den Tod geht, damit du zusammen mit ihm auferstehst. Bitte auch die seligste Jungfrau und Gottesmutter Maria und die Heiligen, dir in deiner Todesstunde beizustehen. »Heilige Maria, Mutter Gottes, bitte für uns Sünder jetzt und in der Stunde unseres Todes. Amen.«

> Du Königin des Himmels, Mutter der
>   Barmherzigkeit,
> Trösterin der Betrübten und Zuflucht der Sünder:
> Versöhne mich mit deinem eingeborenen Sohn;
> erwirke mir unwürdigem Sünder durch deine
>   Gebete
> die Sanftmut und Liebe deines Sohnes Jesu Christi,
>   damit er aus Liebe zu dir meine Sünden vergebe
>   und mich zum Himmel und seiner Herrlichkeit
>   führe.

Ihr himmlischen Geister und allerseligsten Engel
steht mir bei, der ich diese Welt verlasse.
Entreißt mich mit Gewalt den bösen Nachstellungen
der Feinde, die mich quälen bei Tag und bei Nacht.
Nehmt meine Seele in eure Gemeinschaft auf.

Besonders flehe ich meinen guten Schutzengel an,
dass er mich behüte und durch das Dunkel geleite.
Auf dich habe ich Hoffnung und Vertrauen gesetzt.
Eile mir jetzt, in der Not der Todesstunde zu Hilfe;
Jetzt bin ich in übergroßer Bedrängnis und Angst,
jetzt stehen mir Zeit und Stunde bevor: Hilf mir!

Fürchte dich nicht vor dem Tod

Herr Jesus Christus, die Liebe, die aus deinen
  Worten spricht –
selbst noch in deinem Sterben am Kreuz –
offenbart mir etwas vom Geheimnis meines
  eigenen Todes.
Ich weiß: Im Augenblick des Todes wird das Leben
  geboren.
Diesen Weg zum Leben hast du mir durch deine
  Lehre,
durch dein Leiden und deinen Tod geebnet und
  geöffnet.
Du, Herr, hast das Werk, das der Vater dir auftrug,
  vollendet.

Hilf mir, dass auch ich meine Aufgaben in dieser Welt
mutig angehe und sie bis zu meinem Ende erfülle.
Stehe mir immer zur Seite, Herr, und bleibe bei mir,
wenn mich die Finsternis des Todes überfällt,
und führe mich aus Dunkelheit in dein wunderbares Licht.

Wenn ich diese Worte bete und dabei an meinen eigenen Tod denke, fällt mir das Wort des heiligen Augustinus ein: »Die Sehnsucht Gottes ist der Mensch.« Und fast gleichzeitig höre ich Christus sagen: *Und ich, wenn ich über die Erde erhöht bin, werde alle zu mir ziehen* (Johannes 12,32). Wie kann ich mich bereiten, damit sich die Sehnsucht Gottes an mir erfüllt und ich von der Liebe Jesu Christi angezogen werde? Möge dies in besonderer Weise während meines Sterbens und in meinem Tod geschehen. Mir kommt das Bild in den Sinn, das ich bereits als Kind in mich aufgenommen habe.

Mutter saß an ihrer Nähmaschine und ich spielend auf dem Boden. Oft fielen Stecknadeln herunter, die ich nicht anfassen durfte. Wenn Mutter mit ihrer Arbeit fertig war, nahm sie ein gebogenes Eisenstück, das sie in einem guten Abstand über die Nadeln führte. Für mich geschah jetzt ein Wunder, über das ich immer wieder staunte: Wie von unsichtbarer Hand geführt, sprangen die Nadeln ganz von selbst an den Magneten und hielten sich dort fest. Ist dieses Bild nicht wunderbar zu übertragen auf die liebende Anziehung Jesu Christi?

Wenn der Magnet jedoch über Nadeln oder Nägel schwebt, die verrostet oder untereinander verhakt sind, werden sie sich nicht aufrichten. Wohingegen die blanken und die geraden Nadeln und Nägel sich bewegen lassen, sich aufrichten – ja, aufstehen und sich in die Richtung der anziehenden Kraft bewegen. Ist die Seele unbeschwert und leicht wie eine Feder, die weder verklebt noch von Nässe beschwert ist – so sagt der Wüstenvater Johannes Cassian –, wird sie sich wie von selbst beim leisen Anruf Gottes durch ihre eigene Leichtigkeit und Beweglichkeit zu Gott erheben. Wenn die Feder allerdings ihre Leichtigkeit verloren hat, wird sie nicht mehr, wie es ihrer eigentlichen Natur entspricht, nach oben getragen, sondern durch die ihr anhaftende Last zu Boden gedrückt.

Wenn ich mir für meinen eigenen Tod etwas wünschen dürfte: Meine Seele möge nicht belastet oder beschwert sein, sondern von aller Erdenschwere befreit, um sich durch die liebende Anziehung Jesu Christi zu ihm hinbewegen zu lassen. Besteht nicht unser gesamtes Leben aus einer Einübung, damit unsere Seele ihre von Gott gegebene und natürliche Schwerelosigkeit zurückgewinnt und wir sowohl im tiefen Gebet oder Ruhegebet, das in der Hingabe einem Sterben gleichkommt, und im Tod selbst von der Liebe Jesu Christi angezogen und bewegt werden?

Jesus spricht beim Evangelisten Johannes von der alles umfassenden Gnadenkraft, die heilen, erlösen und zum Vater führen möchte. Christus, der das Kreuz und den Tod überwunden hat, möchte in universaler Weite alle Menschen an sich ziehen, die sich nicht nur im Tod, sondern bereits während ihres Lebens ihm öffnen und sich von ihm bewegen und führen lassen. Durch dieses liebende Entgegenkommen nimmt Christus den Menschen mit hinein in den lichten göttlichen Lebensbereich und entzieht ihn allen widergöttlichen Kräften, dem Bereich der Finsternis und dem Schrecken des Sterbens und des Todes. Nichts sollte uns daher zu sehr an die »Welt« binden oder gar fesseln, sodass sich unsere Seele jederzeit – durch die anziehende Liebe Jesu Christi bewegt – aufrichten und auf Gott ausrichten kann.

Aus dieser Erfahrung und Gewissheit haben viele Menschen gesagt und sagen es immer wieder: »Fürchte dich nicht vor dem Tod.« Sie meinen damit den Augenblick des Entschlafens und nicht unbedingt den Vorgang des Sterbens. Das Sterben ist so verschieden wie es die Menschen sind, und oft kann es sich lange unter Schmerzen wie auch unter Anfeindungen hinziehen – wie es die Kupferstiche des Meisters E. S. zeigen. Im Augenblick des Hinübergehens jedoch – betrachte den elften Kupferstich – breiten sich eine tiefe Stille und eine Ruhe aus, die nichts mehr stören kann. Der Sterbende hat das Gefühl, als käme ihm der Schöpfer – auf dem Bild ist es ein Bote Gottes – persönlich entgegen, um ihm die Hand zu reichen und seine Seele, losgelöst vom Körper, in eine neue, heile und lichterfüllte Welt zu geleiten. Bei den Umstehenden und bei denen, die den Sterbenden begleiten, verstummt alle Rede und geht in ein Staunen über vor etwas ganz Großem, das sich in diesem Augenblick des Todes vollzieht.

Ein durch das Todesleiden schmerzverzerrtes Gesicht verliert alle Verkrampfung, und die Gesichtszüge spiegeln auf einmal ein entspanntes, sanftes und friedvolles Lächeln wider. Alle Furcht oder gar Angst schwindet und der Sterbebegleiter »sieht«, wie im Augenblick des Todes den Sterbenden eine helle und heitere Vision und tiefe Freude erfüllt. Seine Hände öffnen sich weit, wenn er sein Leben dem Schöpfer zurückgibt. Eine letzte Hingabe vollzieht sich, und nichts Dunkles, Erschreckendes oder Angstmachendes begleitet diesen Opfergang der hingebenden Liebe. Aller Schmerz und alles Leid wandeln sich in eine geheime Freude; alles Unvollendete erfährt Vollendung und Schönheit legt sich auf das Gesicht des Entschlafenen. Ja, mehr noch: Ein heiliger Kreis legt sich um ihn. Dieser Schutzmantel, man könnte ihn auch »Mandorla« nennen, erlaubt keine Berührung mehr mit der diesseitigen Welt.

Das Loslassen, auf das es in der Sterbestunde in ganz besonderer Weise ankommt, kann und sollte bereits während des Lebens eingeübt werden. Im Ruhegebet, das zu einem lebenswahrhaftigen Gebet absoluter Hingabe wird, gibt der Betende sein eigenes Wollen auf und wird über das Danken, Bitten und Loben hinaus in ein tiefes Schweigen vor Gott geführt. Ganz von selbst tritt unser eigenes Ich zurück und unsere Seele richtet sich anbetend auf Gott aus. Wir nehmen die innere Haltung eines Empfangenden ein, indem wir unser Herz in Hingabe öffnen, sodass der Wille Gottes an uns geschehen kann. Neben persönlichen Gaben, die sich erst in unserem Alltag offenbaren, schenkt der Schöpfer uns als Erstes für Körper, Geist und Seele eine gnadenvolle Ruhe, in der wir gern länger verweilen möchten. Diese innere Ruhe stabilisiert sich immer mehr und begleitet uns auch dann, wenn wir handeln und im Leben aktiv sind. Ganz gleich, wo wir uns befinden und was wir auch tun: Wir ruhen in Gott. Dies ist das Endziel allen Betens.

Die Ruhe, die uns im tiefen Gebet des Schweigens zuströmt, ist eine geheiligte Ruhe, die uns Gott am siebten Schöpfungstag schenkte. Viele Menschen haben jedoch die lebensnotwendige Existenz dieser göttlichen Ruhe vergessen und leben ausschließlich in einer sich ständig verändernden Welt, in der die göttliche Ruhe nicht vorkommt. Wer jedoch Zugang zu dieser ewig lebendigen Quelle des Friedens und der Liebe gefunden hat, darf sich glücklich schätzen. Die ruhevolle Wachheit, die sich uns aus dieser Gottverbundenheit schenkt, hilft uns nicht nur, unseren Alltag kraftvoller und sicherer zu bestehen, sondern sie schenkt auch das Gefühl der letzten Geborgenheit in Gott und somit Mut zum Loslassen in der Sterbestunde. Wer sollte mit dieser wunderbaren Erfahrung der Nähe Gottes den Tod noch fürchten?

Wenn uns noch kostbare Lebenszeit geschenkt wird – jede Stunde ist überaus wertvoll –, sollten wir sie nutzen, um alles loszulassen und abzugeben, was nicht zu uns gehört und was unsere Seele ungut belastet. So wie der Morgen die Fortsetzung der am Abend zuvor begonnenen Arbeit fordert oder wie der Landmann im Herbst erntet, was er zu einer anderen Jahreszeit gesät hat, wirken beim Menschen frühere Taten, Verhaltens- oder Denkweisen fort und verlangen Zeit zum Reifen und gegebenenfalls Möglichkeiten zur Korrektur.

Es gibt ein Wort, das sagt: »Wie du einschläfst, so wirst du auch erwachen.« Die Gültigkeit dieses Wortes in unserer diesseitigen Welt kann ich durchaus durch meine eigene Erfahrung bestätigen, so wie ich sie auch im Leben anderer bestätigt sehe, mit denen ich darüber gesprochen habe. Ein Beispiel: Es gibt viele Menschen, die schauen sich abends im Fernsehen einen Film nach dem anderen an. Auf die Dauer – und besonders, wenn der Schlaf vor Mitternacht ausfällt – erreicht ihr Schlaf nicht mehr die notwenige gesunde Tiefe, sondern er wird flacher, sodass es nicht mehr zu einer erforderlichen Regeneration, Erholung und Entspannung kommt. Am Morgen sind diese Menschen gereizt und nervös, und mittags klagen sie bereits über eine gewisse Erschöpfung und Müdigkeit, die sie dann mit starkem Kaffee, schwarzem Tee oder bestimmten anregenden Medikamenten unterdrücken. Das Zusammenleben mit Menschen, die in einen solchen Teufelskreis geraten sind, wird mit der Zeit immer schwerer und unerträglicher, denn sie merken oft nicht einmal, dass sie auf dem Weg sind, krank zu werden oder es eventuell schon sind.

Wer jedoch weiß, wie belastend gerade dramatische Eindrücke am Abend sind und dass sie sich wohl kaum während des Schlafens oder gar im Traum kurzfristig auflösen, pflegt auf angemessene Weise die Ruhe. Er nimmt, wenn es eben möglich ist, nicht mehr so viele neue Eindrücke in sich auf, sondern gewinnt durch Gebet – und besonders durch das Ruhegebet – Abstand von den beeindruckenden Geschehnissen des Tages und richtet sich dabei innerlich auf Gott aus, den Geber alles Guten. Ich kenne viele Menschen, die am Abend den Rosenkranz vor dem Einschlafen beten, dann tief schlafen und am Morgen erfrischt und heiter erwachen.

Hat ein selbstständiger Geschäftsmann nicht gut gewirtschaftet und ist mit vielen Verbindlichkeiten und Schulden belastet, muss er sein Geschäft schließen, um den Schuldenberg nicht noch zu vergrößern. Er wird es schwer haben, und es ist für ihn vorübergehend nicht daran zu denken, sein Geschäft an gleicher Stelle oder auch in einer anderen Stadt wieder zu eröffnen. Ihm fehlt nicht nur das notwendige Kapital zur Gründung eines neuen Geschäftes, sondern er muss zunächst, um seine Schulden zu bezahlen, seine Selbstständigkeit aufgeben, sich eine Anstellung suchen und Geld verdienen, ehe er wieder Besitzer eines eigenen Unternehmens sein kann. Erwirtschaftet dagegen ein Geschäftsmann einen guten Gewinn, so kann er bedenkenlos sein Geschäft schließen, um es daraufhin an einem anderen, besser positionierten Standort ohne Zeitverlust und großen Aufwand wieder zu eröffnen.

Könnte es nicht ähnlich sein, wenn wir einmal für immer einschlafen und aus dieser Welt gehen müssen? Sind wir belastet, eventuell sogar durch Schuld, die wir auf uns geladen haben, dann wird es die Seele schwerer haben, sich vom Körper zu lösen oder gar verwirrt und desorientiert sein, wenn sie von Gott durch den Tod auf den Weg des Lichtes gerufen wird. Die Seele wird Zwischenstationen benötigen, in denen sie die Chance hat, vieles wieder gutzumachen und das abzulegen, was sie am Aufstieg hindert. Sind wir jedoch geübt im Loslassen und Abgeben von allem, was nicht zu uns gehört, was uns beeindruckt oder gar belastet, dann ist unsere Seele leicht und transparent, sodass die Strahlen der aufgehenden Sonne in der jenseitigen Welt – sie sind Zeichen der Auferstehung unseres Herrn Jesus Christus, seiner Erlösung und anziehenden Liebe – uns sogleich erheben und uns den weiteren Weg zu Gott weisen.

Mein Gott, warum hast du mich verlassen?

Psalm 22, ein Gebetslied, beginnt mit einem erschütternden Klageruf: *Mein Gott, mein Gott, warum hast du mich verlassen, bist fern meinem Schreien, den Worten meiner Klage?* Die Wiederholung des Anrufes Gottes ist ein Zeichen für die Tiefe des Leides, aus dem der Betende zu Gott schreit. Doch hält er daran fest: Gott ist »mein Gott«, von dem ich Hilfe und Heil erwarten darf. In diesem Augenblick jedoch muss der Betende das schwere, unergründliche Leid der Gottferne und Gottverlassenheit ertragen. Da Gott für ihn verborgen und fern ist, fragt er in seiner Klage nach dem »Warum«. Und trotzdem klammert sich der Klagende an »seinen Gott«, der nicht antwortet. Darin liegt die eigentliche Bitterkeit des Verlassenseins. Der Gottverlassene am Beginn dieses Psalms ist der sterbende König, auf den viele Leiden gehäuft wurden. Der Leib des Betenden ist durch Krankheit entstellt und bedrohlich umringt von Dämonen und Feinden.

In diese tiefste Not der Gottverlassenheit ist der gekreuzigte Christus hineingenommen. Somit ist dieser Psalm in besonderer Weise gesegnet, da Jesus den Anfang dieses Psalms am Kreuz gebetet, ja, wahrscheinlich hinausgeschrien hat und die gesamte Aussage des Textes auf das Leiden und Sterben Jesu verweist. Die frühen Christen sahen einen eindeutigen Zusammenhang zwischen diesem Psalm und dem Kreuzestod Jesu.

- *Um die neunte Stunde rief Jesus laut: Eli, Eli, lema sabachtani?, das heißt: Mein Gott, mein Gott, warum hast du mich verlassen?* (Matthäus 27,46).

Jesus tritt ein in die Gottverlassenheit, die von dem Beter des Alten Testamentes erfahren wurde, und erklärt sich solidarisch mit der Fülle allen Leidens – des vergangenen, gegenwärtigen und zukünftigen Leidens in der Welt. Der Weg des vom Himmel kommenden Menschensohnes führt in das tiefste Leid und Elend. Der Klagende weist auf die Entstellung seines Leibes und auf die in den Staub getretene Würde des Menschen hin. Selbst in dieser Erniedrigung treten dem entstellten Menschen noch seine Feinde entgegen, um den Leidenden von Gott zu trennen. Die Dämonen rufen ihm spöttisch zu, dass Gott ihn doch retten möge, da er Gefallen an ihm habe. Wie eine eigenständige Macht ist die Not der Gottverlassenheit dem Betenden nahe, und es ist kein Helfer vorhanden – nur Gott selbst, der aber als fern erlebt wird.

Alle menschlichen Sicherheiten sind zunichte geworden. Der Sterbende lässt sich in seinem übergroßen Leid in die Arme Gottes fallen und liefert sich mit seinem ganzen Sein ihm aus. Er weiß, dass Gott ihn erhören wird. Jesus wird am Kreuz höhnisch und spöttisch belacht, und in den folgenden Worten seiner Feinde kommt ihr ganzer Sarkasmus zum Ausdruck:

- *Er hat auf Gott vertraut: der soll ihn jetzt retten, wenn er an ihm Gefallen hat;*
er hat doch gesagt: Ich bin Gottes Sohn (Matthäus 27,43).

Die im Psalm genannten Tiere sind Bilder für die dämonischen Kräfte, die mit hohem Aufgebot und mit aller Gewalt von Gott trennen wollen. Über jedes Maß des Menschenmöglichen hinaus sind sie in der Lage, das zum Himmel schreiende Leid noch zu vergrößern. Die kraftvollen Stiere befinden sich in furchtbarer Wut. Mit den Stieren, brüllenden Löwen und Hunden ist auch das Toben feindlich gesinnter Menschen gemeint, die dämonische Mächte repräsentieren. Diese alles verschlingenden gefährlichen Mächte reißen das Maul auf und kommen wie ein Löwe reißend und brüllend auf den Sterbenden zu. Das Vergehen und die Auflösung des Körpers unter der Glut des Fiebers wird in drastischen Bildern geschildert: die Glieder, hingeschüttet wie Wasser; das Herz wie Wachs zerflossen; die Kehle trocken wie eine Scherbe. Der Leidende steht unmittelbar vor seinem Tod.

Dämonen, die wie wilde Hunde aussehen, werden zu einer Rotte von Frevlern. Sie umkreisen den Sterbenden und durchbohren ihm Hände und Füße. Die Frevler gaffen den Leidenden an, den sie entblößt haben. Mit seinen Kleidern ist dem Sterbenden das Letzte genommen. In äußerster Not erklingt noch einmal die inständige Bitte, Gott möge nicht fernbleiben, sondern Hilfe senden, damit die dunklen dämonischen Mächte ihren von Gott trennenden Einfluss aufgeben.

Das Leid steigert sich bis zum Äußersten und wird in seiner nicht mehr zu ertragenden Intensität Gott gegenübergestellt. In völliger Aussichtslosigkeit jedoch spürt der Sterbende die unmittelbare Nähe Gottes und seine Hilfe, ja, in tiefster Aussichtslosigkeit offenbart sich durch das Leid Gott, der helfen kann und hilft. Letztlich ist der Beter dieses Psalms ganz tief und fest in Gott verwurzelt und auf ihn gestellt. Er weiß, dass er von Gott kommt und zu ihm zurückkehrt; er weiß, dass er von Gott in Ewigkeit geliebt ist.

Der erste Teil des Psalms handelt von der Not der Gottverlassenheit (Vers 2 bis 22), während im zweiten Teil (Vers 23 bis 32) Dank und Lob über die Hilfe Gottes im Mittelpunkt stehen. Dem Klagenden wird eine Antwort gegeben und Rettung geschenkt. Er darf die Zusicherung erfahren, dass Gott ihn nicht verlassen hat und auch nicht verlassen wird. Eine erstaunliche Erkenntnis vollzieht sich: Das Leid in seiner tiefsten Aussichtslosigkeit offenbart Gott, der allein noch helfen kann. So geht das Klagelied über in ein Lob- und Danklied. Alle, die Gottes Wirklichkeit erfahren haben, sollen in diesen Lobgesang einstimmen, ja, alle Stämme der Völker bis an die Enden der Erde werden zur Einsicht, Umkehr und zum Lobpreis Gottes aufgerufen. Selbst die Schranke zu den Toten wird durch Gottes Eingreifen durchbrochen, sodass auch die in der Erde Ruhenden in die Huldigung Gottes einbezogen werden. Dadurch werden die absolute Unbegrenztheit des Reiches Gottes und seiner Macht deutlich.

Genau wie bei den elf Kupferstichen des Meisters E. S. wechselt sich auch im Psalm 22 das unsagbare Leid mit den dämonischen Angriffen ab – mit dem das Leid überwindenden Vertrauen in Gott.

Mein Gott, mein Gott, warum hast du mich verlassen,
bist fern meinem Schreien, den Worten meiner Klage?
Mein Gott, ich rufe bei Tag, doch du gibst keine Antwort;
ich rufe bei Nacht und finde doch keine Ruhe. –

Aber du bist heilig, du thronst über dem Lobpreis Israels.
Dir haben unsere Väter vertraut, sie haben vertraut
und du hast sie gerettet.
Zu dir riefen sie und wurden befreit,
dir vertrauten sie und wurden nicht zuschanden. –

Ich aber bin ein Wurm und kein Mensch,
der Leute Spott, vom Volk verachtet.
Alle, die mich sehen, verlachen mich,
verziehen die Lippen, schütteln den Kopf:
»Er wälze die Last auf den Herrn, der soll ihn befreien!
Der reiße ihn heraus, wenn er an ihm Gefallen hat.«

Du bist es, der mich aus dem Schoß meiner Mutter zog,
mich barg an der Brust der Mutter.
Von Geburt an bin ich geworfen auf dich,

vom Mutterleib an bist du mein Gott.
Sei mir nicht fern, denn die Not ist nahe
und niemand ist da, der hilft.

Viele Stiere umgeben mich,
Büffel von Baschan umringen mich.
Sie sperren gegen mich ihren Rachen auf,
reißende brüllende Löwen.

Ich bin hingeschüttet wie Wasser,
gelöst haben sich all meine Glieder.
Mein Herz ist in meinem Leib
wie Wachs zerflossen.
Meine Kehle ist trocken wie eine Scherbe,
die Zunge klebt mir am Gaumen,
du legst mich in den Staub des Todes.

Viele Hunde umlagern mich,
eine Rotte von Bösen umkreist mich.
Sie durchbohren mir Hände und Füße.
Man kann all meine Knochen zählen;
sie gaffen und weiden sich an mir.
Sie verteilen unter sich meine Kleider
und werfen das Los um mein Gewand.

Du aber, Herr, halte dich nicht fern!
Du, meine Stärke, eil mir zu Hilfe!
Entreiße mein Leben dem Schwert,
mein einziges Gut aus der Gewalt der Hunde!
Rette mich vor dem Rachen des Löwen,
vor den Hörnern der Büffel rette mich Armen! –

Ich will deinen Namen meinen Brüdern verkünden,
inmitten der Gemeinde dich preisen.
Die ihr den Herrn fürchtet, preist ihn,
ihr alle vom Stamm Jakobs, rühmt ihn;
erschauert alle vor ihm, ihr Nachkommen Israels!

Denn er hat nicht verachtet,
nicht verabscheut das Elend des Armen.
Er verbirgt sein Gesicht nicht vor ihm;
er hat auf sein Schreien gehört.
Deine Treue preise ich in großer Gemeinde;
ich erfülle meine Gelübde vor denen, die Gott fürchten.

Die Armen sollen essen und sich sättigen;
den Herrn sollen preisen, die ihn suchen.
Aufleben soll euer Herz für immer. –

Alle Enden der Erde sollen daran denken
und werden umkehren zum Herrn:
Vor ihm werfen sich alle Stämme der Völker nieder.
Denn der Herr regiert als König;
er herrscht über die Völker.
Vor ihm allein sollen niederfallen die Mächtigen der Erde,
vor ihm sich alle niederwerfen, die in der Erde ruhen.

Meine Seele, sie lebt für ihn;
mein Stamm wird ihm dienen.
Vom Herrn wird man dem künftigen Geschlecht erzählen,
seine Heilstat verkündet man dem kommenden Volk;
denn er hat das Werk getan.

Ein Blick zum Himmel

Wir dürfen und können bewusst auf unseren Tod zugehen, weil Jesus Christus das Tödliche am Tod überwunden hat und uns in die Auferstehung ruft. Der Glaube an ein »besseres Jenseits« darf jedoch nicht zur Folge haben, dass wir dem Ernst des Todes ausweichen. Sich ständig mit dem ewigen Leben zu trösten bedeutet, die Tatsache des Todes zu verdrängen. Durch das Ruhegebet lernen wir jedes Mal wieder neu, in Christus zu sterben, alles loszulassen und den Weg der Gelassenheit bewusst anzunehmen. Wir lernen damit, das Gefährliche und Abgründige jetzt schon zu überwinden, indem wir uns nicht in unser Ego zurückziehen, sondern seine Grenzen überschreiten, wenn wir uns in der Anrufung des Herrn immer tiefer in ihn versenken.

Wenn das Weizenkorn nicht in die Erde fällt und stirbt, bleibt es allein (Johannes 12,24). Das Sterben ist eine notwendige Voraussetzung, um uns auf das Du des Nächsten und damit auch auf das Du Gottes hin zu entgrenzen und zu entfalten. Der Rückzug und die Einkapselung in unser Ego verhindern jeglichen Aufbruch und Durchbruch und lassen kein Wachstum zu, das uns von Gott in Fülle geschenkt werden möchte. Depressive und psychisch Kranke berichten, dass die Isolierung in Permanenz die Hölle ist.

Je älter ein Mensch wird, umso mehr nähert er sich seinem Tod. Sind wir durch das Gebet der Hingabe im Loslassen geübt, dürfen wir die wunderbare Erfahrung machen, dass in den Todesschatten das verheißene Licht hineinleuchtet. Der greise Simeon spricht von diesem Licht, das ihm in Jesus Christus in dem Augenblick begegnet, als seine Eltern den Neugeborenen nach Jerusalem tragen, um ihn dem Herrn zu weihen: *Nun lässt du, Herr, deinen Knecht, wie du gesagt hast, in Frieden scheiden. Denn meine Augen haben das Heil gesehen, das du vor allen Völkern bereitet hast, ein Licht, das die Heiden erleuchtet, und Herrlichkeit für dein Volk Israel* (Lukas 2,29–32).

Unter der Voraussetzung, dass wir die Notwendigkeit des Todes anerkennen und ihn als Geburtsvorgang in ein neues Leben sehen, dürfen und sollten wir des Öfteren einen Blick zum Himmel wagen.

Stelle dir eine klare und helle Nacht vor mit einem herrlich leuchtenden Sternenhimmel. Füge zu dieser lichtdurchströmten Nacht in deiner Vorstellung oder Erinnerung einen strahlenden Tag hinzu – aber so, dass der Glanz der Sonne nicht den der Sterne und des Mondes überstrahlt. Und dann sage dir: All diese und alle anderen Schönheiten in Gottes großer Schöpfung zusammengenommen sind nichts gegen die Herrlichkeit des Himmels. Der Himmel umfasst alles und weitaus mehr: unvorstellbar in seiner Größe, Weite und Schönheit.

Die Schar der seligen und heiligen Gemeinschaft des Himmels ist unermesslich: von aller Last und von allem Schmerz befreite Seelen, Engel, Apostel, Märtyrer, Bekenner, heilige Frauen und Männer. Ihre Seelen erstrahlen in unermesslich hellem Glanz – eine jede herrlicher anzuschauen als die gesamte Welt mit all ihren Schönheiten. Alle leben miteinander in einem immerwährenden Glückszustand, sind einander in ständiger Aufmerksamkeit und Liebe zugetan und teilen in dieser seligen, unzertrennlichen von Gottes Gegenwart und Liebe durchdrungenen Gemeinschaft ihre himmlische Freude.

Führe dir vor Augen, wie unendlich glücklich und geheiligt die Seelen in himmlischen Sphären sind: Sie begegnen Gott von Angesicht zu Angesicht; sie strömen über vor Liebe, die Gott ihnen schenkt, und ihre Freude, ständig mit Gott verbunden zu sein, ist grenzenlos und ewig. Worte sind nicht imstande, das auszudrücken, was sie an Seligkeit empfinden. Wenn du tief genug in dich hineinhorchst, wirst auch du eine Sehnsucht nach diesem Ziel spüren: dauerhaft und immer und ewig bei Gott sein zu dürfen, von ihm angeschaut zu werden und ihn anzuschauen. Keine irdische Wunscherfüllung, keine Befriedigung und kein Erreichen eines irdischen Ziels haben dir Beständigkeit gebracht. Alles verging und zerrann wieder wie Sand zwischen deinen Fingern.

Hätte ich schon eher Einblick nehmen dürfen
in Zusammenhänge zwischen Himmel und Erde,
wären mir viele Umwege erspart geblieben.
Wen sollte ich dafür verantwortlich machen?
Niemanden, außer allein mich selbst.

Warum habe ich mich so weit vom Ziel entfernt?
Wegen schnell vergänglicher Vergnügungen
hätte ich fast die ewigen Werte aufs Spiel gesetzt!
Ich bin immer wieder Menschen nachgelaufen,
nur um verächtliche Begierden mit ihnen zu teilen.

Barmherziger guter Gott, du hast meine Schritte,
ohne, dass ich es anfangs zur Kenntnis nahm,
behutsam und weise auf deinen Weg gelenkt.
Warum habe ich dich erst so spät erkannt –
deine liebevolle und fürsorgliche Führung?

Hilf mir, alles zu meiden, was von dir wegführt.
Hilf mir, auf dem geraden Weg zu dir zu bleiben,
der in deine himmlische Herrlichkeit führt.
Hilf meiner Seele, die unendliche Ruhe in dir
und den immerwährenden Frieden zu finden.

Schon in dieser Welt darf ich in meiner Seele
deine Ruhe und deinen Frieden erfahren.
Herr, du bietest mir immer neu deine Liebe an
und rufst mich immerfort, zu dir zu kommen
in dein gesegnetes Land ewigen Friedens.

Herr, nur du allein kannst meine Seele befreien
aus Dunkelheit und aus allen Verstrickungen,
aus den unguten Verbindungen mit Menschen.
Herr, ich nehme mir fest vor, alles zu meiden,
was den Fortschritt auf dem Weg zu dir hindert.

Gib mir Einsicht in alles, was mich dir näherbringt;
schenke mir, Erkanntes auch in die Tat umzusetzen.
Herr, ich möchte dich loben und preisen und ehren
und alle Zeit und in allem dir nachfolgen auf ewig.
Fülle meine Seele mit deiner liebenden Gegenwart.

Ich danke dir von Herzen, dass du mir nahe bist
und mich zu Erkenntnissen deiner Liebe führst.
Du zeigst mir den Himmel, der bereits in mir ist.
Du schenkst mir die Kraft, den Tod anzunehmen,
und die absolute Gewissheit einer Auferstehung.

SEHNSUCHT NACH EWIGEM LEBEN

Der Herr sagt uns zu: Das Leid wird niemals unsere individuelle Tragfähigkeit überschreiten und ohne Ende sein. Wenn alle Ängste und Mittel, das Leid zu verringern, bisher fehlgeschlagen sind: Sei geduldig und harre noch eine kleine Weile aus, und du erlebst Befreiung von deiner augenblicklichen Last. Sei getrost: Die Stunde wird kommen, in der dein Leid, deine Schmerzen und deine Unruhe vergehen. Alles, was an die Zeit gebunden ist, vergeht mit der Zeit. Das Leid wie auch der Übergang von dieser Welt in die kommende ist von kurzer Dauer, und im Rückblick siehst du alles Schwere als geringfügig an.

Du bist auf dem Weg zum ewigen Leben, und durch alles, was du an Gutem tust, kannst du ihn beschleunigen. An einem Tag in unserem Leben, der nur dem

Herrn bekannt ist, wird für immer Frieden sein. Es wird keinen Wechsel von Tag und Nacht wie in dieser Zeit mehr geben, sondern immerwährendes Licht, endlose Klarheit, unerschütterlichen Frieden und ungestörte heilige Ruhe. Niemand wird dann mehr sagen: *Ich unglücklicher Mensch! Wer wird mich aus diesem dem Tod verfallenen Leib erretten?* (Römerbrief 7,24). Der Tod wird getötet werden, und unser Heil wird unvergänglich leuchten. Angst und Furcht werden nicht mehr sein, sondern Freude, Seligkeit und liebende Gemeinschaft.

Alle Angst vor dem Sterben würde sofort vergehen, wenn wir die Seelen der Menschen schauen würden, die jetzt in der Fülle der Herrlichkeit leben und unaussprechliche Freude genießen. Viele von ihnen waren einst in der Welt verachtet, und ihr Leben galt als unwert. Könnten wir diese Liebe schauen, die auch uns erwartet, wären wir von tiefster Hingabe erfüllt und kämen aus dem Staunen nicht mehr heraus. Du verlangtest nicht mehr nach flüchtigem Gut und Freuden, sondern würdest dein Leben noch einmal neu ordnen und einzig und allein auf Gott ausrichten. Die Angst vor dem Sterben, die viele Menschen schon jetzt oder später begleitet, würde fortfallen, da sie zur Einsicht gelangt sind und Dunkles, Verführerisches und Einengendes weder zulassen noch aufnehmen würden.

Das Ruhegebet schenkt einen Vorgeschmack auf die kommende Herrlichkeit, denn sie dringt durch Hingabe an die Liebe Gottes immer tiefer in unser Herz. Mögen auch viele dämonische Kräfte dich umgeben und versuchen, dich zu Fall zu bringen, so wird es ihnen nicht gelingen, denn es fällt dir immer schwerer, zu sündigen. Du wirst im Hinblick auf das ewige Leben, das bereits ansatzweise zu einer Erfahrung für dich wird, in der Lage sein, Erschütterungen leichter zu ertragen und Unabänderliches anzunehmen. Es geht um das Reich Gottes, das begonnen hat, sich in dir zu entfalten. Setze alles daran, es nicht zu verlieren, denn der Herr möchte zu deinem Lebensfundament werden, das dich in deinem Sterben sicher trägt und dir ermöglicht, deinen Tod anzunehmen. Der Herr wird dich sicher dorthin geleiten, wo unendlich große Liebe und viele dir vertraute Seelen, die bereits im ewigen Reich des Vaters weilen, auf dich warten.

Dies ist das Endziel unseres Lebens, die himmlische Heimat unserer Seele, der lichthelle Tag der Ewigkeit, den keine Nacht verdunkelt. Die höchste Wahrheit durchstrahlt ihn wie das Licht der Sonne. Wie unendlich dankbar dürfen wir sein, dass der Herr die Sonne dieses unvergänglichen Tages immerwährender Seligkeit in unserem Inneren schon aufgehen lässt. Wenn auch in dieser Welt – und besonders für viele Menschen in ihrem Sterben – die Strahlkraft der göttlichen Liebe immer wieder überschattet wird, so dürfen wir doch die Erfahrung machen, dass sich ein allmählicher Sonnenaufgang in unserer Seele vollzieht.

Diejenigen, die diese Welt überwunden und zurückgelassen haben, wissen um den nicht mehr endenden Tag der Ewigkeit, der Freudentag heißt. In dieser Welt jedoch leben wir noch zu einem großen Teil außerhalb unseres Vaterlandes. Jesus hat uns den Weg gezeigt, um auf ihm zum Vater zurückzukehren. Indem der Herr den Tod auf sich genommen und besiegt hat, ist der Weg für uns in der Nachfolge Christi einsehbar und letztlich nicht mehr angstbesetzt. Es wird jedoch nicht ausbleiben, dass wir, wenn unser Sterben näher rückt, Momente der Unsicherheit, des Zweifels und der Angst durchleben müssen, in denen uns der liebende und barmherzige Gott nicht nahe zu sein scheint. Unsere Familie, Freunde und ein geistlicher Begleiter haben hier eine große Aufgabe.

In den einzelnen Phasen des Sterbens offenbart sich viel aus unserem vergangenen Leben – letztlich um den Platz frei zu machen, damit die Gnade und die Güte Gottes in uns wohnen können. Wir dürfen und müssen seufzen, um all das auszudrücken, was uns bedrückt. Es wird aber die Zeit kommen, in der all unser Seufzen und Stöhnen ein Ende nehmen und unsere Seele Leichtigkeit und Frieden erfährt. In Gelassenheit zu warten, fällt vielen Menschen besonders am Rand ihres Lebens sehr schwer. Sie werden äußerst ungeduldig – wie es der fünfte Kupferstich »Versuchung durch Ungeduld« des Meisters E. S. zeigt. Der Sterbende, der die Gewissheit des nahen Todes noch nicht wahrhaben und annehmen will, bietet seine letzten Kräfte auf, indem er den Arzt attackiert, sowohl Speise und Trank als auch die Medizin verweigert und sogar den Tisch neben seinem Bett umwirft.

Die Seele sehnt sich nach tiefer Ruhe und Geborgenheit in Gott, der Körper jedoch möchte auf seine Weise leben und sich nicht von Gewohntem trennen. Der Kranke muss seine berechtigten Fragen loswerden, benötigt jedoch nicht immer eine Antwort, weil er sie bereits unbewusst in sich trägt.

- Wann wird die Zeit kommen, in der meine Krankheit und die vielen Übel ein Ende nehmen?

- Bin ich wirklich auf dem Weg der Befreiung? Ich kann es kaum glauben!
- Wird denn tatsächlich eine Zeit kommen, in der ich dem Herrn nahe sein darf und die nicht mehr vergeht?
- Wann wird mein Herz die ersehnte Ruhe in Gott finden?
- Wann werden die Ketten von mir abfallen, sodass ich von allen körperlichen Schmerzen und allem seelischen Druck befreit bin?
- Wann darf ich den vollkommenen, unzerstörbaren Frieden in mir und um mich herum erwarten?
- Herr, wirst du mir so nahe sein, dass ich dich schauen kann?
- Offenbarst du mir schon bald die Herrlichkeit deines himmlischen Reiches?
- Darf ich auf den Augenblick hoffen, an dem du mir alles in allem bist?
- Ich weiß, dass ich diese Welt mit ihren vielen Schatten und Schmerzen erst bestehen und meine Aufgabe erfüllen muss, um, Herr, einmal ganz bei dir zu sein und zu bleiben.

Zu dir, Herr, schreie ich mit all meiner Kraft:
Befreie mich aus der Gefangenschaft meines Ego
und schenke mir inneren Frieden und Geduld.
Gib mir die Fähigkeit, die schwere Last zu tragen,
die ich mir selbst oder du mir auferlegt hast.

Meine Seele verlangt danach, dir zu begegnen,
doch kann ich dich von mir aus nicht erreichen.
Meine Seele wird zwar von dir angezogen,

doch mein kranker Körper zieht mich nach unten.
Es ist schwer, diesen Lebenskampf auszuhalten.

Im Gebet der Hingabe darf ich Schweigen erfahren
und die unerträglichen Schmerzen schwinden,
wie auch das Gefühl für Raum und Zeit vergeht.
Doch Angst und Schmerz holen mich wieder ein;
sie überfallen mich wie ein wilder, hungriger Löwe.

Gott, bleib doch nicht fern von mir!
Mein Gott, eile mir zu Hilfe! (Psalm 71,12).
Führe mich zur Quelle ewigen Lebens
und lass mich Ruhe erfahren in dir
und werde zur größten Kraft meines Lebens.

Weise mir, Herr, den Weg zur ewigen Wahrheit.
Komm mir zu Hilfe, damit nichts und gar nichts
mich von dir mehr fernhalten und trennen kann.
Erfülle meiner Seele Sehnsucht,
sodass sie sich von meinem Körper lösen kann.

Verzeih mir meine Ungeduld und meine Zweifel.
Wirst du wahrhaft den Schritt mit mir gehen?
Reichst du mir deine Hand, wenn es dunkel wird?
Bist du bei mir, wenn die Fluten des Todes toben?
Herr, ich vertraue auf dich. Schenk mir Vertrauen.

Danke für die göttliche Güte, die höchste Liebe, die dir so freundlich entgegenkommt, dich von Ungutem befreit, dein Herz weitet, deine Seele leicht und lichtvoll macht und dich über dich selbst erhebt, damit dich deine körperliche Schwere und deine Schmerzen nicht wieder zu Boden drücken. Hab keine Angst vor den vielen erstickenden Momenten, die du durchmachen musst: Der Herr steht dir zur Seite, er reicht dir seine Hand und schenkt dir seine Liebe, sodass du gar nichts fürchten musst. Er kennt deine Sehnsucht und hat all deine Seufzer gehört. Bis deine Stunde kommt, musst du noch Unabänderliches hinnehmen und dich in Geduld und Demut üben. Bereite dich durch das Gebet der Hingabe vor und warte, bis das Reich Gottes zu dir kommt. All das, was du erleiden musst, wird in Herrlichkeit gewandelt und Traurigkeit in Freude. Alles, was du entbehren musst, wirst du in Fülle besitzen. Versuche in deinem Sterben dem Herrn den ersten Platz zu geben. Ob du lebst oder stirbst: Versuche Christus zu verherrlichen (vgl. Philipperbrief 1,20).

Noch ein letztes Wort, das dir Vertrauen schenken möchte: Je weiter du dich von Jesus Christus und dem Reich Gottes entfernt fühlst, desto näher bist du Christus und seinem kommenden Reich.

> Liebster Herr Jesus, auch du hast seelisch gelitten
> und entsetzliche Schmerzen ertragen müssen,
> als deine Stunde am Kreuz gekommen war.
> Doch dein Vater hat dir Hilfe zukommen lassen
> und dich aufgenommen in sein himmlisches Reich.
>
> So bitte ich dich, Herr, nimm auch mich auf.
> Mein Heiland und Erlöser, ich gebe mich dir ganz,
> zu dir komme ich, weise mich nicht von dir zurück.
> Zu dir komme ich, verschmähe mich nicht.
> Herr, nach dir und deinem Reich sehne ich mich.

Durch deine Passion willst du mich Armen erlösen.
Ich möchte nichts durch mich in Anspruch nehmen,
sondern bitte dich, mich in dein Paradies zu führen.
Herr, du mein Erlöser, eile, es mir zu gewähren.
Ich glaube fest an dich und deine liebende Zusage.

Zeit der Läuterung

Sei dir bewusst, dass Gott es unendlich gut mir dir meint. Du lebst in seiner Gegenwart, die dich nicht nur umgibt, sondern auch in deinem Inneren lebendig ist. Bitte ihn immer und immer wieder um den Beistand seines Heiligen Geistes, damit er dein Herz erfülle und in dir das Feuer seiner Liebe entzünde. Greife nicht vorschnell nach vordergründigen Erklärungen zum Verhalten deiner Seele, wenn sie sich durch deinen Tod vom Körper trennt. Wir müssen als Geschöpfe, die sich dem Schöpfer verdanken, lernen, mit Geheimnissen so lange zu leben, bis der Herr es für richtig erachtet, sie uns zu offenbaren. Dieses Geschenk der Offenbarung an uns Menschen ist Gott vorbehalten. Wenn er es uns zukommen lässt, dürfen wir davon ausgehen, dass es individuell für jeden Menschen verschieden ist.

Somit wissen wir auch nicht, wie sich im Einzelnen die Läuterung der Seele vollzieht – vorausgesetzt, sie ist beladen, verdunkelt und beschmutzt und bedarf der Reinigung. Gottes Liebe und seine Gerechtigkeit gebieten uns Grenzen, über die hinaus uns noch keine direkte Wahrnehmung möglich ist. Aus den heiligen Schriften und Offenbarungen jedoch erhalten wir eine leise Ahnung von dem, wie es sein und was geschehen könnte. Die Liebe Gottes gewährt uns hier und da einen Einblick, damit uns der gerechte Ausgleich, den Gott schafft, nicht unvorbereitet trifft. All das, was ein Mensch in seinem Leben falsch gemacht hat, bereitet ihm jetzt im Läuterungsprozess erhebliche Schmerzen. Diese Schmerzen sind nicht nur seelischer Natur, sondern sie können sich auch körperlich auswirken – obgleich der Körper ja im Prozess des Sterbens und des Todes zurückgelassen wird. Alles, was aus egoistischem Begehren Schaden und Kränkung erfahren hat, muss auf einer anderen feineren Ebene wieder geheilt werden. Besonders leidet die Seele bei allem mit, wenn sie schmerzlich und leidvoll die Distanz zu Gott erlebt, die sie von sich aus geschaffen und jetzt von sich aus nicht überbrücken kann.

Es löst eine brennende unstillbare Sehnsucht aus, die oft in einen unsagbaren Schmerz übergeht, von der Herrlichkeit und Liebe Gottes zu wissen, sie aber noch nicht wahrnehmen und erfahren zu dürfen. Vor der Tür des reichen Mannes lag Lazarus, der mit Geschwüren übersät war. Doch niemand kümmerte sich um ihn und er bekam nicht einmal die Reste, die vom Tisch des Reichen übrig blieben. Lazarus starb und wurde von den Engeln in Abrahams Schoß getragen. Auch der reiche Mann, der Tag für Tag herrlich und in Freuden lebte, starb und wurde begraben. Von der Unterwelt aus, in der er entsetzliche Qualen litt, sah er von Weitem Abraham, in dessen Schoß der arme Lazarus lag. *Vater Abraham, hab Erbarmen mit mir, und schick Lazarus zu mir; er soll wenigstens die Spitze seines Fingers ins Wasser tauchen und mir die Zunge kühlen, denn ich leide große Qual in diesem Feuer* (Lukas 16,24).

Viele Heilige sagen, die Verbannung auf Erden mit ihren entsetzlich schmerzhaften Folgen sei nicht so schwer zu ertragen wie das Fernsein vom Anblick des Vaters. »Herr, verstoße mich nicht aus deiner Nähe, sondern lass mich dein gütiges Antlitz schauen alle Zeit.«

Wenn schon Zahnschmerzen, Magenkrämpfe, Kopfschmerzen oder Fieber uns vorübergehend quälen können: Wie entsetzlich werden dann erst seelische Schmerzen sein, von denen wir nicht ahnen, wann sie enden werden. Die dunkle Nacht der Seele ist von vielen Mystikern und Gläubigen beschrieben worden, als sie noch in dieser Welt lebten. Wie die dunkle Nacht der Seele jedoch in der jenseitigen Welt sein wird, wenn wir durch sie hindurchgehen und sie aushalten müssen, wissen wir nicht. »Ich möchte, Herr, alles tun und bitte dich um deine Hilfe, dass mir die dunkle Nacht der Seele und seelische Qualen in dieser und in jener Welt erspart bleiben.«

Der Feueratem Gottes verzehrt alles Widergöttliche und alles, was keinen Bestand vor Gott hat. Ein Schauer wird die ruchlosen Menschen erfassen und sie fragen verängstigt, wer es wohl aushalten wird neben dem verzehrenden Feuer und der ewigen Glut (vgl. Jesaja 33,11–14). Beruhige deine Seele und gerate nicht in Angst und Panik. Die Worte des Propheten wollen dich aufrütteln, damit du keine kostbare Zeit verlierst, in der du für dein Heil und das anderer Seelen wirken kannst.

»Herr, bewahre mich vor dem schmerzhaften Abstand von dir. Ich möchte dir nachfolgen und in all meinen Entscheidungen nur den Weg einschlagen, der am schnellsten und sichersten zu dir führt. Mit allem Gegenteiligen möchte ich mich nicht aufhalten und es lassen. Herr, bewahre mich vor dem Abgrund, der sich durch die Sünde auftut, und der mich von dir für die schmerzhafte Zeit der Läuterung trennt. Herr, ich nehme mir fest vor, bestimmte Situationen und Umstände, Gedanken und Vorstellungen zu meiden, die mich immer wieder verführen und in die gleiche Sünde treiben. Ich möchte mein Leben zum Besseren ändern und deinen Willen in den meinen aufnehmen, sodass ich nur durch dich, in dir und mit dir denke und handle.«

Sprich deinen Dank vor Gott aus, dass er dir kostbare Lebenszeit schenkt, in der du immer wieder neu dein Leben bedenken und es auf ihn ausrichten kannst. Vertue deine Zeit nicht mit nichtigen und oberflächlichen Dingen, die dich eher von Gott trennen als zu ihm führen. Bitte ihn um Erkenntnis von größeren Zusammenhängen zwischen Vergangenheit, Gegenwart und Zukunft; bitte ihn um ein wenig Einblick in das, was mit deiner Seele geschieht, wenn sie vom Körper gelöst, den Weg in das immerwährende Licht und in die immerwährende Liebe finden möchte und muss. An erster Stelle in deinem Leben sollte das Gebet der Hingabe an Gott stehen und die heilige Eucharistie – alles andere kommt danach. Wenn du dich immer wieder in die Arme Gottes fallen lässt und dich somit in seine Liebe versenkst, wirst du eine göttliche Mitte in dir spüren, die dich trägt und dir Einblick in Kommendes gewährt. Durch gottgefälliges Denken, Sprechen und Handeln näherst du dich bereits in dieser Welt seiner Gegenwart, die dich erfüllt, dir den rechten Weg weist und dir alle Angst nimmt vor dem, was nach deinem Tod geschieht.

Mein Gott und mein Vater, erbarme dich meiner!
In deine Hände empfehle ich meinen Geist!
Vater, erbarme dich deines Geschöpfes,
hilf mir, jetzt, in dieser äußersten Not.

Herr, du mein Gott, eile meiner Seele zu Hilfe,
damit sie nicht von bösen Geistern bedrängt
und von höllischen Hunden angefallen wird.
Du allein kannst meine Seele aufrichten.

Die Stunde meines Todes
wird kommen

Sich des Öfteren den Tod vor Augen zu führen, ist heilsam und führt zu einer besseren Selbsterkenntnis. So empfiehlt bereits Benedikt von Nursia im vierten Kapitel seiner Regel *Die Werke der geistlichen Kunst*: »Den unberechenbaren Tod täglich vor Augen haben« (Vers 47). Die Gedanken an den Tod beziehen sich zunächst auf den Körper des Menschen.

Nach deinen mündlichen Gebeten beginne mit dem Gebet der Stille. Lass dich von der Schwerkraft der Liebe anziehen, die in deinem Herzen wohnt. In diesem Vorgang der Versenkung wirst du die Vielfalt der Bilder und Gedanken hinter dir lassen und nur noch die eine Wirklichkeit spüren: Jesus Christus. Ihm gegenüber steht die Wirklichkeit deiner Existenz, die der Herr als Körper und Seele geformt hat, als er dich ins Leben rief. Lass die Stille zu, wenn sie sich einstellt, aber auch die Gedanken und Bilder, die von selbst kommen. Und da diese Impulse von selbst kommen, werden sie auch von selbst wieder vergehen und der Stille Raum geben. Lass dir Zeit und tauche im Loslassen von allem in diese ruhevolle Wachheit vor Gott ein ...

Versetze dich in deine Todesstunde, die dich mit absoluter Sicherheit einmal ereilen wird und sprich so wahr und tief wie es dir möglich ist: »Die Stunde meines Todes wird eines Tages kommen. Der Tod kann mich schon in dieser Nacht oder morgen aus dieser Welt rufen. Wie das geschieht, weiß ich zwar nicht, aber ich weiß, dass es geschieht.« Denke des Öfteren an deinen Tod und bete um eine gute Todesstunde, in der sich die freundschaftliche Verbundenheit deines Körpers mit deiner Seele auf nicht voraussehbare Weise lösen wird.

Regele rechtzeitig all die Dinge, die du dir zu deinem Begräbnis wünschst, und sprich auch das an, was du dir nicht wünschst, damit die Menschen, die dich beerdigen, Bescheid wissen. Weise darauf hin, dass du eine Bestattung in der Erde möchtest. Wisse aber auch, dass du von Menschen schnell vergessen sein wirst – vielleicht diejenigen ausgenommen, die dich sehr lieb hatten. Während dein Körper vergeht, gewinnt deine Seele an Leichtigkeit und Licht, um zu Gott aufzusteigen.

Betrachte, wie sich der Körper eines Menschen im Laufe seines Lebens verändert und wir keinen Augenblick oder keinen Zustand bewahren und festhalten können. Bei diesem Gedanken wirst du erkennen, wie töricht diejenigen sind, die sich ängstlich an ihren Reichtum oder gar an einen Menschen klammern. Daher sollten wir im Wissen, dass wir alle diese Welt einmal arm und nackt verlassen müssen, rechtzeitig das Loslassen üben. Der beste Weg ist der über das Gebet der Hingabe, das Ruhegebet.

- Wie kann jemand mit dieser Perspektive ständig verbissen und krampfhaft in dieser Welt nach hohen Positionen und mehr Ansehen streben?
- Wie kann jemand seinen Körper und die mit ihm verbundenen Befriedigungen – Essen, Trinken und Sexualität – an die erste Stelle seines Lebens setzen, wo er doch um die Vergänglichkeit all dessen weiß?

Bringe in der nun folgenden Betrachtung, die zu einem Gebet werden sollte, deinen Körper vor Gott, indem du deine Hände, deine Arme und dein Herz weit öffnest. Erheben sich sinnliche Begierden, versuche, auch sie Gott hinzuhalten und abzugeben – symbolisch und körperlich, indem du sie lang und tief ausatmest. Dieses Loslassen und Abgeben durch das Ausatmen solltest du mehrmals wiederholen. Nicht im Töten, sondern im Annehmen und Abgeben liegt das Geheimnis unserer Lebensenergie. Lege alle Wünsche ab, der Welt zu gefallen, aber auch den, ihr nicht zu gefallen. Halte nicht zu viel von dem, was sich in der Welt hervortut und glänzt. Überschätze nichts; verachte aber auch deinen Körper nicht, denn er ist eine wertvolle Gabe Gottes, die deine Seele durch diese Welt trägt, damit sie Erfahrungen machen und reifen kann. Bewerte jedoch deinen Körper nicht zu hoch und denke daran, dass er dir nur eine begrenzte Zeit in dieser Welt zur Verfügung steht, dann aber zu Staub verfällt. Nutze daher die Zeit klug, in der dein Körper gesund und in guter Freundschaft mit deiner Seele verbunden ist. Beide sind in dieser Welt und Zeit aufeinander angewiesen.

Lerne aus deinen Erfahrungen und dem Rat wissender Menschen, wie du mit deinem Körper auf die bestmögliche Weise umgehen sollst, damit du ihm keinen Schaden zufügst. Er möge dich so lange durch diese Welt tragen, wie der Herr vorgesehen hat, ihn von deiner Seele zu trennen. Nimm des Öfteren das Ende deines irdischen Lebens in den Blick und gestalte von hier aus deinen Tag. Ein Kapitän, der sich an das Ende seines Schiffes stellt, kann es von hier aus am allerbesten lenken.

Blind bin ich vielem gegenüber,
denn ich lasse mich allzu leicht
durch Äußerlichkeiten blenden.
Doch beginne ich darunter zu leiden,
wenn viele Dinge sich nicht
nach meinen Vorstellungen entwickeln
und ich zurückgesetzt werde.

Verglichen mit dem, was ich dir, Herr,
im Laufe meines Lebens angetan habe,
ist das, was andere mir angetan haben,
erschreckend gering und nichtig.
Wenn mir Herabsetzung widerfährt,
will ich sie hinnehmen und ertragen.

Tiefer führst du mich in das Geheimnis
deines Todes und deiner Auferstehung.
Warum nur sträube ich mich so sehr
gegen alles Loslassen und das Sterben,
wo du es doch bist, der mich führt
und jedes Mal wieder aufstehen lässt?

Was geschieht mit unserer Seele, wenn der Körper sich von ihr trennt?

Nach dem Tod bleibt unser Körper in dieser Welt zurück und wird zu Grabe getragen. Im Laufe der Zeit verfällt er, wird zu Staub und löst sich mehr und mehr vollständig auf. Doch was geschieht mit unserer Seele nach dem Tod, wenn sie sich von unserem Körper trennt? Eine gewisse Erschütterung tritt ein, wenn Gewohntes auseinanderbricht. In schneller Folge treten in der Seele Erinnerungen auf an das, was in unserem Leben vor Gott wohlgefällig war, und an das, was ihn beleidigte. Vieles, was wir vorher für geringfügig hielten, erscheint uns auf einmal wichtig. Es kann sein, dass die Seele zeitweilig Dunkelheit umgibt, da wir unserer Sinne beraubt sind. Dies alles geschieht noch, während die Seele unseren Körper verlässt und zu Gott aufsteigen möchte. Wie schnell sich dieser Aufstieg vollzieht, liegt an der Art und Weise unseres gelebten Lebens und an der Entscheidung Gottes.

Unser Los liegt jetzt allein in der Hand Gottes. Wenn die Seele nach der Trennung ein wenig zur Ruhe gekommen ist oder später, wenn die Dunkelheit von ihr gewichen ist, wird sie aus dem Mund des Ewigen die Worte vernehmen: »Komm zu mir, du bist von meinem Vater gesegnet!« (vgl. Matthäus 25,34). Deine Seele, wenn sie nicht zu sehr durch Sünden belastet ist, wird – von Engeln getragen – zu Gott aufsteigen, der sie durch seine unendliche Liebe anzieht.

Es kann aber auch das Wort für uns vernehmbar werden: »Geh hinweg von mir!« (vgl. Matthäus 25,41). Wenn du dich zum Beispiel für mehr hältst als du in Wirklichkeit bist. Nichts ist so sehr zu fürchten, als aus dem Mund Gottes zu hören: »Geh hinweg von mir.« Es ist das härteste Wort, das ein Vater zu seinem Sohn oder zu seiner Tochter sagen kann, ja, dass überhaupt Menschen zueinander sprechen können. So ist es mit unserer Seele, wenn sie sich von Gott entfernt und sich von ihm trennt. Von allem Guten und damit von Gott hat sie sich losgesagt und stürzt sich nun in alle möglichen Übel.

Als es Meinungsverschiedenheiten und eine Spaltung unter den Jüngern gab, fragte Jesus die zwölf Apostel: *Wollt auch ihr weggehen? Simon Petrus antwortete ihm: Herr, zu wem sollen wir gehen? Du hast Worte des ewigen Lebens* (Johannes 6,68).

Herr, wenn du uns von dir weisen würdest:
Wohin sollen wir gehen, an wen uns wenden?
Du hast nicht nur Worte ewigen Lebens,
sondern du bist der Quellgrund ewigen Lebens.

Herr, wohin sollen wir gehen, du ewiges Licht?
Ohne dich ist es Nacht, und wir irren umher.
Herr, wohin sollen wir gehen, du lebendiges Brot?
Wir verhungern ohne dich, dem Tod ausgeliefert.

Wohin sollen wir gehen, du Schutz unseres Lebens?
Herr, du gibst Sicherheit in jeder Not und Gefahr.
An wen sollen die Schafe sich wenden,
wenn sie von reißenden Wölfen umgeben sind?

Wenn der Menschensohn in seiner Herrlichkeit kommt, wird er zu denen sagen, die nicht das Geringste für ihre Brüder und Schwestern getan haben – und somit auch nicht für Jesus Christus: »Geht hinweg!« (vgl. Matthäus 25,45.41). Es muss das Schlimmste für die Seele eines Menschen sein, von Gott zu hören: »Geh weg von mir.« Wir sollten mehr als hellhörig sein, um wahrzunehmen, wenn wir Gott beleidigt haben, um es so schnell wie möglich wieder gutzumachen. Das Hinausgehen, ja, das Hinausgehen-Müssen ist als die Ursache aller Übel etwas sehr Schwerwiegendes. Denn was wird derjenige, der den göttlichen Beistand verloren hat und seinen eigenen Kräften überlassen ist, anderes tun, als seinen Herrn zu verleugnen?

Ohne zu erkennen, was er Böses getan hatte, und ohne es zu bedauern, verleugnete Petrus seinen Herrn. Bis ihm der göttliche Beistand wieder zuteilwurde, lebte er in einem seelisch sehr unglücklichen Zustand der Angst. Der Herr richtete auf Petrus, der schwer gesündigt und den Herrn vergessen hatte, wieder seinen Blick und ließ ihn erkennen, was er durch seinen Fall angerichtet hatte.

Der Grund, warum der gütige Herr einige von seinen Kindern aus dem Haus weist, besteht darin, dass sie sich selbst und ihre Sünde nicht erkennen und denken, sie könnten sich auf ihre eigenen Kräfte stützen. Das Sündigen gehört zum Menschen und nicht zu Gott. Allein das Gute kommt von ihm, und wir tun es durch ihn. Für unsere richtige Ausgangsposition ist es wichtig, zu erkennen, dass wir all das Gute, das wir besitzen, nicht uns, sondern Gott verdanken. Da ihm Ehre, Lob und Preis gebührt, dürfen wir nicht einem wandelbaren Menschen die Ehre des unwandelbaren Herrn zukommen lassen. Schaffen wir uns einen neuen »Gott« und lassen den wahren Schöpfer des Himmels und der Erde außer Acht, wird auch er uns außer Acht lassen.

Wie schnell werden diese Worte Wirklichkeit:
- Geistig Gesinnte verlieren ihre Geistigkeit und verwandeln sich in Menschen, die vom Geschlechtstrieb beherrscht werden.
- Stille und in sich gekehrte Menschen werden durch Veräußerlichung zu Menschen, die ungebunden, zügellos und ausschweifend sind.
- Menschen, die würdig die heilige Eucharistie empfangen haben, verlieren den Zugang zu diesem himmlischen Brot und bevorzugen das zu essen, was die Schweine zu sich nehmen. Alles, was sich auf Gott bezieht, ist ihnen zuwider. Es ist höchst er-

schreckend, zu sehen, wie schnell sich Gold in Kot verwandeln kann.

Worin besteht der Grund, dass viele Menschen, die in ihrer Jugend enthaltsam lebten, obgleich sie schwere Versuchungen ertragen mussten, im späteren Alter auf bedauernswerte Weise die Sünde der Unzucht beginnen? Sie waren über sich selbst erstaunt und verabscheuten ihr Tun. In ihrer Jugend lebten sie im Aufschauen auf Gott und pflegten täglich den Kontakt zu ihm. Sie machten die wunderbare Erfahrung, dass sie bei Versuchungen durch sexuelle Kräfte in ein einfaches Gebet flüchten konnten, indem sie Gott wiederholt um Hilfe baten. Er beschützte sie und führte sie unbeschadet durch die Versuchung.

Im Laufe der Jahre jedoch entwickelte sich in ihnen ein gefährlicher Stolz darauf, schon so lange im Besitz der Keuschheit zu sein. Mehr und mehr setzten sie dann ihr Vertrauen auf sich selbst anstatt auf Gott. In diesem Augenblick zog der Herr seine schützende Hand von ihnen zurück und sie sind – auf sich selbst beschränkt – gefallen.

Durch ihren Stolz haben diese Menschen den wahren Sinn verloren, das heißt, dass sie sich nicht mehr in allem dem Herrn verdanken und ohne ihn in bedauernswerte Sünde fallen. Sie geben Gott nicht mehr die Zuwendung und die Ehre, die ihm gebührt. Es sollte eine Warnung für alle sein, wenn jetzt diese Gefahr angesprochen wird, und sie sollten die Folgen erkennen, wenn man der Gefahr erliegt. Wir müssten uns des Öfteren die Situation vor Augen führen, in der Gott zu uns sagen könnte: »Geh hinweg!« Gehen wir tief in uns, erkennen wir gewiss, dass manches Verhalten oder manche Eigenschaften der Erneuerung bedürfen.

Durch den Stolz wird ein Mensch dem Widersacher immer ähnlicher. *Und er* (der Teufel) *steht nicht in der Wahrheit; denn es ist keine Wahrheit in ihm. Wenn er lügt, sagt er das, was aus ihm selbst kommt; denn er ist ein Lügner und ist der Vater der Lüge* (Johannes 8,44). Da er für sich sein wollte, stützte er sich auf sich selbst, und deshalb ist er gefallen. In Wahrheit und für immer kann ein Geschöpf nur in Gott bestehen. Durch Selbsterkenntnis wird unsere Seele den guten Engeln ähnlich, die Gott im Blick haben und nicht ihr eigenes Ego. Daher stützte Gott die Engel und gab ihnen Rückhalt. Vor Freude und Begeisterung rufen sie: »Wer ist wie Gott?«

Wenn unsere Seele diese Entwicklung durchläuft, widerspricht sie – wie die guten Engel – dem unglücklichen Luzifer und seinen Anhängern. Sie wollten Götter werden, indem sie sich anmaßten, das zu sein, was Gott allein zukommt: der Ursprung, die Stütze und die Seligkeit aller Geschöpfe. Luzifer und seine Anhänger erkannten zwar, dass sie das Angestrebte in Wahrheit nicht werden konnten, da sie ja selbst von Gott geschaffen sind; doch ergötzten sie sich daran, als ob sie es sein würden. In gleicher Weise handeln die Stolzen. Ihre Vernunft sagt ihnen, dass sie alles Gute von Gott haben, doch ihr Wille geht eigene Wege. Durch ihn entwickeln sie an sich selbst eine Freude, als ob sie alles Gute aus sich selbst besäßen. Die Vernunft weiß, dass Gott allein die Ehre gebührt; der Wille eines stolzen Menschen jedoch zieht sie von Gott ab und gibt dem Menschen selbst die Ehre.

Die guten Engel rufen mit Verstand und Willen und mit ihrer gesamten Persönlichkeit: »Wer ist wie Gott?« Sie erkennen sich – wie wir es auch tun sollten – als Geschöpfe Gottes, die sich ihm verdanken. Gott hat die Engel zu seinen Gefährten erhoben, ohne dass sie diese Würde jemals verlieren können. Damit auch wir einmal in den freudigen Besitz dieser Gnaden kommen und sie bewahren können,
- ist die Hingabe an Gott mit allem, was wir sind und haben, im täglichen Gebet und darüber hinaus unverzichtbar,
- sollte alles in unserem tätigen Leben Gott wohlgefällig sein und ihm zur Ehre gereichen.

Schenkt uns Gott diese Gnade – wir hingegen können uns nur dafür bereiten –, sollten wir wahrhaft Sorge tragen, sie nicht wieder zu verlieren. Leichtfertiges und oberflächliches Leben in Sorglosigkeit zehrt an der uns geschenkten Gnade. *Dein Herz eifere sich nicht wegen der Sünder, sondern eifere stets nach Gottesfurcht!* (Sprichwörter 23,17).

Was uns während eines sogenannten Zwischenaufenthaltes erwartet und wie lange er dauern wird, wissen wir nicht. Die Entscheidung über das, was die Seele an Licht und Gnade, Erlösung und Freiheit erfährt oder noch nicht erfährt, liegt allein in Gottes Hand. Wir sollten uns während unseres Lebens davor hüten, Gott zu beleidigen, denn während der Stunde unseres Todes bedürfen wir seiner in ganz besonders intensiver Weise.

Du musst damit rechnen, dass böse Geister auftreten, die dich deiner Sünden wegen anklagen und von

Gott eine gerechte Bestrafung deiner Seele verlangen. Sie bestehen darauf, dass jede einzelne Sünde besonders gewichtet wird. An diesen Kräften, die dich auch jetzt noch von Gott trennen wollen, wird es nicht fehlen. Vertraue auf die göttliche Barmherzigkeit und höre nicht auf, im Gebet der Hingabe inständig darum zu bitten.

Wenn du dich in deiner Zeit der Zurückgezogenheit und Sammlung in das Thema »Sterben« versenkst, dann führe dir vor Augen, was in deinem Leben vor Gott gut, weniger gut oder gar schlecht war. Bitte den Herrn um Vergebung deiner Sünden und darum, dass er dir in deiner Todesstunde, in der du diese Welt verlassen musst, Barmherzigkeit und Liebe erweist.

Stell dir vor, du wärest ein Dieb, den man auf frischer Tat ertappt hat und nun mit gebundenen Händen abführt; stelle dir vor, du wärest eine Ehefrau, die von ihrem Mann beim Ehebruch beobachtet wurde. Weder der Dieb noch die Frau wagen vor dem Herrn ihre Augen zu erheben, sondern sie schauen beschämt zu Boden, da sie im Licht der Wahrheit ihre Vergehen nicht leugnen können. Denke einmal darüber nach, dass Gott uns und das Geschehen mit ganz anderen Augen sieht und beurteilt, als es ein Mensch vermag. Gott sieht und beurteilt umfassend, wahrscheinlich allumfassend über Generationen hinweg, dein Erbe, deine Veranlagung, deine unfreie oder freie Entscheidung zum sündigen Tun, deine Schwäche, deine Beeinflussbarkeit, deinen Egoismus und deinen Stolz und vieles mehr.

Jemand, der sich schämt, schlägt die Augen zu Boden und wagt nicht, aufzuschauen. Scham drängt immer danach, sich zu verneigen; Scham drängt nach einem Kleid, das Gott den ersten Menschen reicht, nachdem sie gesündigt hatten. Spüre, dass auch du infolge deiner Sünden nach diesem Kleid der Barmherzigkeit und Vergebung Gottes verlangst. Klage dich an, wie du dich anklagen musst und unter- oder übertreibe dabei nicht. Bereue besonders die Sünden, die dir am schwersten erscheinen. Nimm einen guten Rat an: Sind es die Sünden der Unkeuschheit, derer du dich anklagst, so halte dich nicht in Gedanken zu lange bei ihnen auf, damit nicht konkrete Erinnerungen in dir aufsteigen, die erneut die Geschlechtslust in dir wecken. Möge die kurze Betrachtung dieses Sündenfeldes Bedauern und Abscheu in dir hervorrufen. Gehe dann über zu etwas anderem, das du bereust, und nimm dir fest vor, auch diese Sünde zu meiden.

Stelle dich jetzt bei deiner Betrachtung auf die Seite des Guten, das dir Gott, solange du zurückdenken kannst, erwies. Nimm es wahr in Bezug auf deinen Körper, auf deinen Geist und – soweit du es vermagst – auch auf deine Seele. Spüre, dass du zumindest in guten Zeiten dem Herrn entschieden mehr Dank und Liebe hättest entgegenbringen müssen. Da dir im Augenblick noch kostbare Lebenszeit geschenkt wird, nutze diese Zeit, um etwas wieder gutzumachen, vor allem aber, dein Denken, Sprechen und Tun stärker auf Gott auszurichten.

Hat nicht der unendlich liebende Gott dir immer zur Seite gestanden? Von vielen Übeln hat er dich befreit und in vielen Gefahren schützend seine Hand über dir ausgebreitet. Gott ist in Jesus Christus Mensch geworden, um uns sehend zu machen und uns den Weg zum Vater zu weisen, um uns von dem zu heilen, was in uns

und an uns böse ist. Dafür hat er sein Blut vergossen und sein Leben hingegeben. Du hast viel von Gott empfangen. Am Ende deines Lebens wirst du gefragt:
- Hast du das Empfangene angenommen und weitergeschenkt? Oder hast du es vielleicht für dich selbst behalten?
- Wie bist du mit der dir geschenkten Gnade umgegangen? Hast du sie wertgeschätzt oder gar missachtet?
- Bist du der Liebe des Herrn mit Sorgfalt und Hochachtung begegnet? Hast du in den kleinen Dingen des Alltags die große Güte erkannt, mit der Gott dich zu deinem Heil führen wollte?

Wenn du die Fragen aufrichtig beantwortest, wirst du vielleicht feststellen, wie wenig dankbar du dem Herrn gegenüber warst, wie du Gutes mit Bösem vergolten und dem, der dein Heil möchte, den Rücken gekehrt hast. Wie sollte der Dank beschaffen sein, wo uns doch der Herr in seiner unendlichen Barmherzigkeit von verdienten Strafen befreit hat? Was können wir ihm Gutes tun, der seine Hand über uns ausstreckt und uns segnet, damit der Widersacher uns nicht bedrängt und an sich zieht? Während wir sündigen und damit Gott eine Absage erteilen, wendet er sich uns mitleidsvoll als Vater zu und bietet uns Vergebung und seine Liebe an.

Betrachte die entgegenkommende Liebe des Herrn, die er dir trotz deiner Sünden täglich neu anbietet. Löst nicht der Gedanke unendliche Dankbarkeit in dir aus, dass du trotz deiner vielen Schatten und dem, was du eigentlich für deine Fehlentscheidungen verdient hättest, von Fesseln befreit und in sein wunderbares Licht geführt wurdest? Wenn du das Gute, das dir Gott erwiesen hat, mit dem vergleichst, womit du ihn beleidigt hast, und dabei keine Reue empfindest, so verzweifle nicht, sondern bleibe ganz ruhig. Stelle dich schweigend mit der Last und Schuld deines Herzens unter das Kreuz und bitte den Herrn, dir zu sagen oder verstehen zu geben, wer du in Wahrheit bist. Durch diese Gebetsübung wirst du tiefere Einsicht in deine Licht- und Schattenseiten gewinnen. Die Gegensätze, die sich auftun, wirst du schmerzhaft empfinden und einsehen, dass du viele Verdunkelungen deiner Seele hättest vermeiden können.

Damit diese geistlichen Übungen auch ihre Wirkung zeigen, dürfen sie weder oberflächlich noch zu kurz sein. Sie dienen dazu, dass du weder stolz noch überheblich wirst, sondern bescheiden und demütig. Und noch etwas Wunderbares ereignet sich in dir: Du nimmst wahr, wie der Herr in deiner Seele Wohnung nimmt und dich nicht mehr verlässt. Diese Wirklichkeit ist so erhaben, dass du sie nicht in Worte fassen kannst.

Gehe nicht gleich gegen jede Widerwärtigkeit, Ablehnung oder Verachtung an, die dir begegnet. Rege dich dabei nicht auf und bleibe geduldig und in Ruhe. Mache dir bewusst: Wenn du dem Herrn durch ungutes oder sündiges Verhalten eine Absage erteilst und ihm den Rücken kehrst, werden mit Recht alle Geschöpfe, die den Herrn lieben, sich gegen dich empören. Ja, vielleicht gibt es sogar Geschöpfe, die die Beleidigung ihres Schöpfers rächen möchten! Sei dir eines größeren Zusammenhanges bewusst und der weitreichenden Wirkung, die sowohl dein Tun als auch dein

Lassen hat. Mit einer weiteren Perspektive und dem entsprechenden Bewusstsein kannst du besser deinen Standort vor Gott und in der Welt ausloten und klarer deine Schwächen und Fehler erkennen. Beklage dich nicht über Mückenstiche, da du eventuell weitaus größere Schmerzen verdient hättest.

Der Herr möchte sich in seiner unermesslichen Güte und Barmherzigkeit mit dir versöhnen und dir für Körper, Geist und Seele reiche Gnaden schenken. Öffne dich seinem liebenden Entgegenkommen und richte dein Leben nach ihm aus – alles zu seinem Ruhm; besitzen wir doch nichts, dessen wir uns selbst rühmen könnten.

Die Zeit danach

Suche für einige Minuten die Stille und erspüre die Gegenwart Gottes um dich und in dir. Schließe die Augen, um dich noch tiefer in die Gegenwart Gottes versenken zu können. Bitte den Herrn, dass er dir seiner Vorsehung gemäß Einsicht gewährt in noch verborgene Geheimnisse, besonders in den nicht einsehbaren Zustand deiner Seele, wenn sie sich von deinem Körper getrennt hat.

Lass dein Leben nicht durch apokalyptische Vorstellungen, Prophezeiungen, Prognosen und Vorhersagen aus einer gottgefälligen Ruhe und Mitte bringen. Wir wissen, dass alles Sichtbare der Veränderung und der Umwandlung unterworfen ist. Nichts von dem, was wir jetzt sehen und durch unsere Sinne wahrnehmen, wird für immer so bleiben.

Jesus Christus ist für alle Menschen gestorben und hat ebenso alle Menschen in die Auferstehung gerufen. Denjenigen, die sich seiner verweigern, wird er nach Ablauf einer bestimmten Zeit in seiner entgegenkommenden Liebe erneut sein Heilsangebot machen, um ihnen durch die Auferstehung das ewige Leben zu eröffnen. Ob unsere Seele von einem leuchtenden Körper umkleidet wird, wie die Jünger ihren Herrn während der Verklärung auf dem Berg Tabor erlebt haben? Werden wir uns wiedererkennen und wiedersehen? Wir wissen es nicht.

Jenseits des Todes, an der Schwelle zur jenseitigen Welt, werden die Menschen auf uns warten und uns nach unserem Tod in Empfang nehmen, denen wir ein Anliegen sind und die uns lieb hatten in dieser Welt und uns in der jenseitigen weiter lieben. Auch die Heiligen, die wir in besonderer Weise verehren, werden uns nahe sein und uns weiter geleiten – ihnen allen voran Maria, die Mutter Gottes, gefolgt von dem Heiligen oder der Heiligen, dessen oder deren Namen wir tragen.

Die Güte und die ewige Barmherzigkeit Gottes sowie seine unendliche Liebe werden auch die in Sünde gefallenen Menschen aufrichten und die Zeit ihres Leidens beenden. Sie mussten bereits in dieser Welt viel Leid auf sich nehmen oder müssen in der kommenden Welt einen Läuterungsprozess durchmachen, der sie von aller Schuld befreit und ihre Seele befähigt, einmal Gott von Angesicht zu Angesicht zu schauen.

Jeder Mensch, der durch das enge Tor des Todes gegangen ist, wird in aller Klarheit auf sein Leben zurückblicken, das noch einmal in schneller Folge vor seinem inneren Auge abläuft. Wie ein Buch wird sein Gewissen aufgeschlagen. Seite für Seite offenbart sich ihm sein Gewissen in einem großen Zusammenhang und es stellt sich ihm die Frage, ob er ein wenig mehr aus den Fähigkeiten und der Liebe gemacht hat, die Gott ihm in dieser Welt mit auf den Weg gab, oder ob er sie vergeudete und eventuell missbrauchte. Nichts wird verborgen und unaufgeklärt bleiben. Verständlicherweise wird bei diesem Offenbarwerden sowohl Freude herrschen als auch Enttäuschung und Bitterkeit.

Diejenigen, die gegen Gott, seine Gesetze und seine Liebe verstoßen haben, werden ihr Fehlverhalten klar einsehen und es wird ihnen unbeschreiblich leidtun. *Denn ich war hungrig und ihr habt mir nichts zu essen gegeben; ich war durstig und ihr habt mir nichts zu trinken gegeben; ich war fremd und obdachlos und ihr habt mich nicht aufgenommen …* (Matthäus 25,42–43).

Leuchtet nach unserem Tod ein gottgefälliges Leben auf oder sind wir, das heißt unsere Seele, durch die entsprechenden Läuterungsprozesse gegangen, dann wird der zum himmlischen König gewordene Menschensohn zu uns sagen: *Kommt her, die ihr von meinem Vater gesegnet seid, nehmt das Reich in Besitz, das seit der Erschaffung der Welt für euch bestimmt ist* (Matthäus 25,34). Welch wunderbare immerwährende Gnade wird uns von Gott zuteil, denn dieses Reich der Liebe hat kein Ende.

Deine Seele wird sich unsagbar freuen, wenn du an dieses Gottesgeschenk denkst. Doch nutze die Zeit, in der du noch auf Erden lebst, indem du dein Leben ganz auf Gott und seine Liebe ausrichtest, die er dir schenken möchte. Lädst du jedoch weitere Schuld auf dich –

nachdem du Zusammenhänge zwischen Himmel und Erde erkannt hast – wird diese Schuld noch schwerer wiegen und die Läuterung wird dauern und in noch größerer Gottesferne stattfinden.

Sei klug: Meide die Sünde und alles, was auf Kosten anderer Menschen geht. Umso befreiter und glücklicher kannst du in dieser Welt dein Leben gestalten, und in der kommenden Welt jenseits des Todes wird es keine großen Hindernisse geben, die sich zwischen dich und den Schöpfer stellen.

Werde dir deiner Sünden, deiner Fehler und Unvollkommenheiten bewusst und denke darüber nach, was deinen Mitmenschen eventuell nicht an dir gefällt. Es ist wichtig, des Öfteren deinen geistlichen Begleiter aufzusuchen, bei ihm zu beichten und mit ihm sowohl über dein religiöses als auch über dein familiäres und berufliches Leben zu sprechen, um neue Einsichten zu gewinnen und gegebenenfalls Korrekturen vorzunehmen.

Danke Gott von ganzem Herzen, dass er dir Lebenszeit schenkt, in der du dich in Freiheit besinnen, neu orientieren und deine Schuld abbauen kannst. Danke ihm, dass er dir Möglichkeiten aufzeigt, Frieden zu stiften, Liebe zu schenken und dich auf die kommende Welt vorzubereiten. Opfere dich im Gebet der Hingabe und in der heiligen Messe dem Herrn auf und erneuere täglich deinen Entschluss, ihm aus ganzem Herzen zu dienen, ihm nachzufolgen und seine Gebote zu halten. Bitte Gott um seinen Segen und um die Gnade, damit du es gut machst und dir alles gelingt, was du dir an Gutem vorgenommen hast.

Du, Herr, bist Licht vom Licht, das ewige Licht,
das erleuchtet und das erschaffene Licht überstrahlt.
Sende einen Strahl des ewigen Lichtes in mein Herz
und entflamme es mit deiner alles umfassenden Liebe.

Läutere und belebe meinen Geist und all seine Kräfte,
sodass meine Seele sich befreit zu dir aufrichten kann.
Lass mich dahin wachsen, dass du mir alles in allem bist.
Ohne diese Gabe fehlt mir das Wesentliche im Leben:
Tiefe der Ruhe, Fülle der Freude und Reichtum an Liebe.
Aber noch west und lebt in mir der »alte Mensch«,
der sich wider deinen göttlichen Geist empört
und meine Seele nicht zur Ruhe kommen lässt.

Zerstreue, Herr, die widergöttlichen Kräfte in mir.
Sie versammeln sich unbemerkt in meinem Inneren
und beraten, wie sie Verwirrung und Unheil stiften.
Wirf sie zu Boden und vernichte ihre bösen Pläne.
Lass deine Größe aufleuchten und erhelle alles,
was im Dunkel auf dein göttliches Licht wartet.

Du, Herr, bist als wahres Licht in die Welt gekommen,
um jeden Menschen zu erleuchten und zu entflammen.
Möge alle Finsternis in mir dem Licht weichen
und meine Seele dich als ewiges Licht erkennen.

Literaturverzeichnis

Horst Apphuhn: Alle 320 Kupferstiche. Meister E. S. Harenberg – Ed. Dortmund 1989. Die bibliophilen Taschenbücher. Nr. 567.

Ars Moriendi. Erwägungen zur Kunst des Sterbens. Herausgegeben von Harald Wagner. Quaestiones Disputatae 118. Freiburg 1989.

Aurelius Augustinus: Die Bekenntnisse. Vollständige Ausgabe. Übertragung, Einleitung und Anmerkungen von Hans Urs von Balthasar. Einsiedeln 1985.

Benedikt von Nursia: Die Regel des heiligen Benedikt. Herausgegeben im Auftrag der Salzburger Äbtekonferenz. Beuron 2. Auflage 1992.

Placidus Berger: Ars Moriendi. Die Kunst des Lebens und des Sterbens. Münsterschwarzach 2010.

Bernhard von Clairvaux: Sämtliche Werke. Lateinisch/deutsch. Herausgegeben von Gerhard B. Winkler. Innsbruck 1990–1999.

Hildegard von Bingen: Traktat über den Tod. Österreichische Nationalbibliothek, Wien: Cod. 2739, BL 195 va – 200 ra.

Hildegard von Bingen: De operatione Dei (Welt und Mensch). Salzburg 1965.

Peter Birkhofer: Ars moriendi – Kunst der Gelassenheit. Mittelalterliche Mystik von Heinrich Seuse und Johannes Charlier Gerson als Anregung für einen neuen Umgang mit dem Sterben. Berlin 2008.

Peter Dyckhoff: Sonnenuntergänge. Vom Abschied aus dieser Welt. Freiburg 2010.

Franz Falk: Die deutschen Sterbebüchlein von der ältesten Zeit des Buchdrucks bis zum Jahre 1520. Köln 1890. (Nachdruck: Heidelberg 1969).

Johannes Charlier Gerson: Opus tripartitum decalogi, de confessione et de arte moriendi. Paris 1408.

Edgar Hennecke: Neutestamentliche Apokryphen. 1. Band: Evangelien. Tübingen 1968, 340.

Janez Höfler: Der Meister E. S. Ein Kapitel europäischer Kunst des 15. Jahrhunderts. Textband. Regensburg 2007.

Janez Höfler: Der Meister E. S. Ein Kapitel europäischer Kunst des 15. Jahrhunderts. Tafelband: Kupferstiche des Meisters E. S. Regensburg 2007.

Arthur E. Imhof: Ars Moriendi. Die Kunst des Sterbens einst und heute. Wien 1991.

Jacques Laager (Herausgeber): Ars moriendi. Die Kunst, gut zu leben und gut zu sterben. Texte von Cicero bis Luther. Zürich 1996.

Max Lehrs: Der Künstler der Ars moriendi und die wahre erste Ausgabe derselben. In: Jahrbuch der Königlich Preußischen Kunstsammlungen XI (1890), S. 161–168.

Theodor Maas-Ewerd: Motive für die Ars moriendi in der katholischen Sterbe- und Begräbnisliturgie. In: Harald Wagner (Herausgeber): Ars moriendi. Erwägungen zur Kunst des Sterbens. Freiburg 1989, 136–155.

G. Heinz Mohr: Vom Licht der letzten Stunde. Freiburg 1986.

Peter Neher: Ars moriendi – Sterbebeistand durch Laien. Eine historisch-pastoraltheologische Analyse. St. Ottilien 1989.

Joseph Ratzinger: Gottes Macht – unsere Hoffnung. In: Klerusblatt 67 (1987), Nr. 12, 343–347. Zitiert 346.

Rainer Rudolph und Thomas Peuntner: Kunst des heilsamen Sterbens. Texte des späten Mittelalters 2. Berlin 1956, 16–51.

Heinrich Spaemann: Stärker als Not, Krankheit und Tod. Besinnung und Zuspruch. Freiburg 1981.

Eugen Walter: Die Gnade des christlichen Sterbens. Stuttgart 2011.

Peter Dyckhoff im Media Maria Verlag

365 Tage im Licht der Liebe

Ein Jahresbegleitbuch

400 Seiten
Gebunden mit Lesebändchen
ISBN 978-3-9815943-1-7

In der Stille vor dir

Gebete

256 Seiten
Gebunden mit Lesebändchen
ISBN 978-3-9815698-0-3

Franziskus und Klara

Ermutigung, einfach zu leben

96 Seiten
Gebunden mit Lesebändchen
ISBN 978-3-9815698-9-6